チームの
魅力と才能を
引き出す技術

問いかけの作法

株式会社MIMIGURI代表取締役Co-CEO
東京大学大学院 情報学環 特任助教
安斎勇樹

Discover

はじめに　チームは問いかけから作られる

◎誰も意見を述べない「お通夜ミーティング」

「さあ、この企画に何か意見はありませんか？」

「どんどんアイデアを提案してください！」

「今日は自由に話し合いましょう！」


どこか集中力のない表情のプロジェクトメンバーたちは、あなたから目を逸らし、互いに発言権を譲り合うように、一向に口を開きません。


「遠慮なく意見していただいてかまいませんよ」

「どなたか、いかがでしょうか？」

あなたの呼びかけは虚しく、期待していた「画期的な提案」はおろか、誰も「自分の意見」さえ述べない、お通夜のような状況です。

もっと自分の頭で考えて欲しい。
主体的に話し合いに参加して、自分の意見を述べて欲しい。
自分の役割を考え、チームに貢献して欲しい。

多くのリーダーがチームに対して抱くこのような「期待」は、多くの場合、思う通りには叶いません。

そこであなたは仕方がなく、この期待を口に出し、チームメンバーに指示を出したり、じかにお願いしたりすることによって、直接的な「要求」をしてみることにします。

「もう社会人なのだから、主体的に自分の意見を発言してくださいよ」
「良いアイデアじゃなくてもよいので、最低ひとつはアイデアを出せませんか？」

しかしながら、あなたは肩を落とすことになるでしょう。それでも他人は、あなたの要求通りには動いてくれないからです。

「意見と言われても……。特にありません。賛成です」

「すみません、次までに考えておきます」

打っても響かない相手に業を煮やしたあなたは、部下を呼び出し、その受動的な態度に不満を表明し、叱責したくなるかもしれません。どうしてやらないのか。なぜできないのか。やる気があるのか。

あるいは相手が同僚や上司であれば、友人や家族に愚痴をこぼすことで、その直接ぶつけられない感情を発散したくなるかもしれません。

そうしているうちに、とうとうあなたは変わらない現状を受け入れ、「周囲に頼るよりも、自分でやったほうが早い」という結論に、辿りついてしまうでしょう。

当初のチームへの「期待」は、いつしか「失望」へと変わっていくのです。

◎魅力的な場に変えるために「問いかけ」の質を変える

これは、多くのチームで発生している**「孤軍奮闘の悪循環」**と呼ばれる展開です。

お互いに誰も期待していないチームから、良いパフォーマンスが生まれるはずがありませんから、一度このサイクルに陥ると、チームの主体性と創造性はどんどん下がっていきます。皮肉なことに、優秀でモチベーションの高い人ほど、このサイクルによってチームのポテンシャルを抑制し、そしてチームから孤立していくのです。

本書を手にとったあなたが思い描く理想は、孤立無援に「自分が頑張る」世界ではなく、仲間と力を合わせて「チームで成果を出す」世界であるはずです。あなたがチームの仲間に期待するものは、あなたに対する「同調」

孤軍奮闘の悪循環

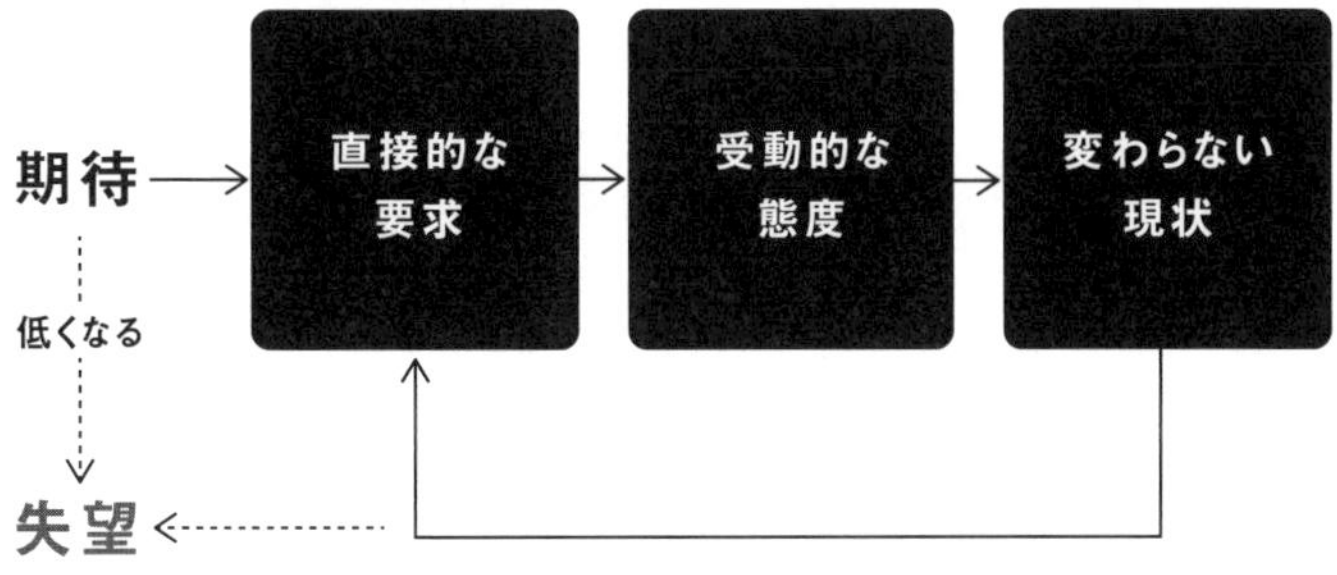

でも「謝罪」でもなく、その人らしさ、すなわちチームメンバーの個性あふれる才能の発揮であるはずです。

では、あなたがこの悪循環に陥らずに、チームと職場を魅力的な場に変えるためには、どうすればよいのでしょうか。

その答えはただひとつ。

周囲に投げかける「問いかけ」の質を変えることなのです。

魅力と才能を引き出す「問いかけ」の技術

場面を冒頭の「お通夜ミーティング」に戻しましょう。

もし、あなたの呼びかけが、以下のような「問いかけ」であったならば、いかがでしょうか。

「この企画案、**どこかひとつだけ変えるとしたら**、どこでしょうか？」

「もし自分がお客さんだったとしたら、この案に100点満点で何点をつけますか？」

「いきなり良いアイデアを考えるのは難しいですよね。まずは**いま頭の中にパッと浮かんだことがあれば、**なんでもよいので教えてくれませんか？」

これらは実際に、私が「お通夜ミーティング」の司会進行をするときに、頻繁に活用しているテクニックです。具体的には、本書で詳しく解説する「問いかけ」の技術のうち、「仮定法」「パラフレイズ」「足場かけ」と呼ばれるテクニックを使っています。

このような**ちょっとした「問いかけ」の工夫を加えるだけで、話し合いの空気は、ガラリと変わります。**

特に意見はないと口を閉ざしていたはずのメンバーたちが、次第に、

「企画の中身はよいと思うのですが、キャッチコピーの表現が気になります」

「もし自分がお客さんだったら、85点です。こういう要素が加わったら、+5点になるかもしれません」

など、自分の意見を表明してくれるようになるのです。

このような、工夫された「良い問いかけ」を繰り返していると、ミーティングを重ねるごとに、チームメンバーは**自分の個性、すなわち「こだわり」を発揮することに喜びを感じる**ようになっていきます。

あなた自身も、「なるほど、そういう意見もあるのか」「この視点は参考になるな」と、メンバーの発言から気づきがもらえるでしょう。**眠っていたチームのポテンシャル（潜在能力）が発揮され、「自分の仲間たちにはこんな才能があったのか」と、驚かされる場面を何度も経験する**はずです。

そのような強固に信頼しあったチームから、良い成果が生まれないはずがありません。このような成功体験を繰り返すことで、あなたのチームに対する期待はさらに高まり、信頼感へと変わるでしょう。このようにして、

チームワークの好循環

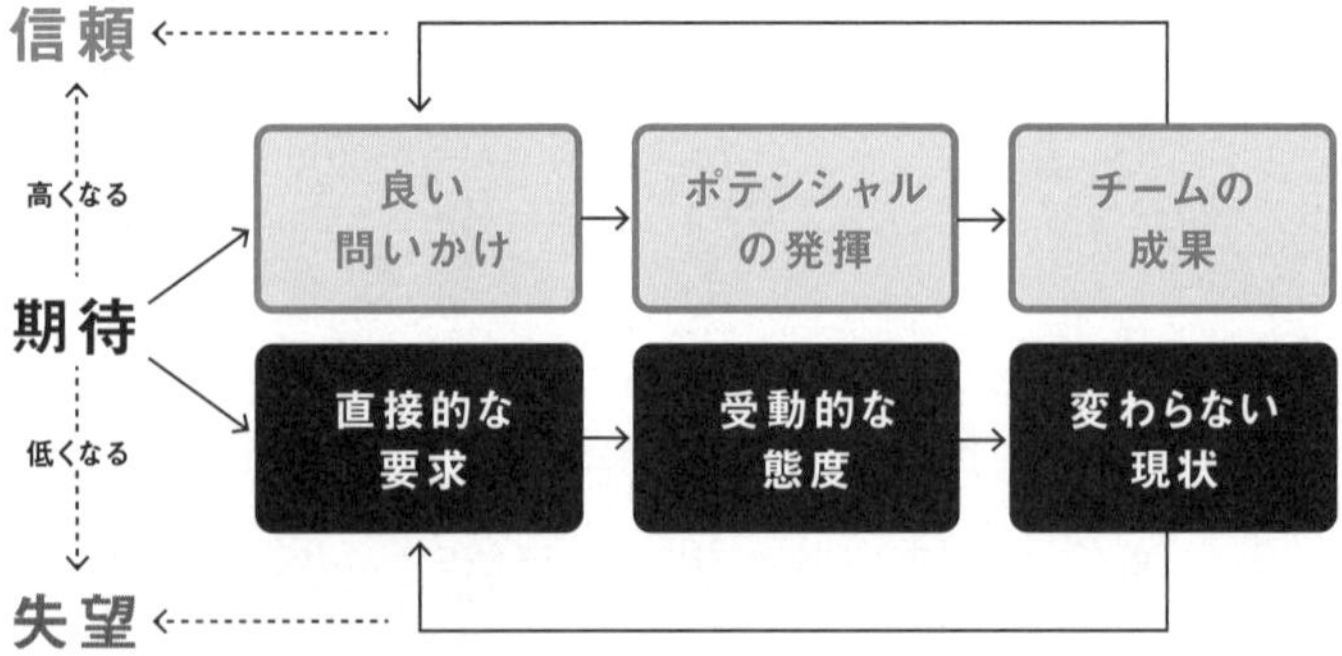

よりよいチームワークを発揮する好循環が生まれるのです。

あらゆる場面で必要な「問いかけ」の効用

問いかけが必要な場面は、なにもミーティングの進行や、部下とのコミュニケーション場面だけとは限りません。同僚や後輩、あなたの上司、また家族や友人とのコミュニケーションの場面においても有効です。あなたが共にする「他者」の思考と感情は、あなたが日々発する問いかけの質に、少なからず影響を受けているからです。

また、これまで説得や交渉の相手だと思っていた取引先の相手とも、問いかけをうまく使えば、同じゴールを目指す「仲間」として、協力関係を築くことも可能です。

これからの時代、仕事は「自力」ではなく、「他力」を引き出せなくては、うまくいきません。**問いかけの技術を駆使することによって、周囲の人々の魅力と才能を引き出し、一人では生み出せないパフォーマンスを生み出す**こと。これが、現代の最も必要なスキルのひとつなのです。

周囲の才能を引き出してばかりでは、他の人が評価され、自分の評価は埋もれてしまうのでは？　そう心配に思う人もいるかもしれません。

しかし、それは「逆」です。むしろ、自分だけのスキルと業績にしか関心がない人よりも、問いかけをうまく使って他者の力を引き出せるほうが、これからは高く評価されるようになっていきます。

世間に目を向けてみても、アイドルのプロデューサー、スポーツチームの監督、バラエティ番組の司会、ビジネスコーチや編集者など、「自分が答えを出す」のではなく、うまく他者に問いかけることによって、「他人の才能を引き出す」ことができる人が、ますます表舞台で注目されるようになってきています。

あなたひとりの実績を磨くよりも、「問いかけ」によるチームの力を高めていったほうが、結果として「あの人と一緒に働くと、気持ちよく仕事ができる」「あの人のチームだと、良い成果が出せる」「あの人のもとでは、次々に良い人材が育っている」といった「あなた自身の評価」へとつながり、活躍の場も広がっていくのです。

何より、一人で孤独に努力を重ねるよりも、他者の才能を活かしながら働くほうが、圧倒的に仕事が楽しくなるはずです。

吃音の子どもを覚醒させた、奇跡の問いかけ

実は私自身、チームのなかで自分の意見を述べたり、アイデアを提案したりすることが、とても苦手でした。振り返ると、学校の授業中に先生から突然名指しされ、うまく答えられなかった経験から、心の準備ができていないうちに「どう思う？」と意見を求められることに、トラウマと呼べるほど、アレルギーを持っていました。

ミーティングで意見やアイデアを尋ねられても、「何か良いことを発言しなければ」とプレッシャーを感じてしまい、かえって頭が真っ白になってしまいます。結果として、気の利いたコメントもできず、「面白いですね」「良いと思います」などと、無難なリアクション。

そしてそういう日に限って、家に帰ってシャワーを浴びているころに、突然良いアイデアが思い浮かぶものです「あの時に言えていれば」と、後悔することも少なくありませんでした。

逆にいえば、これは「自分の発想力が低い」ことが原因ではないのではないか。シャワーを浴びているときと同じように、プレッシャーを感じず、リラックスできる状況であれば、きっと自分でも良いアイデアを思いつき、チームに提案することができるのに……。そんなふうに、悔しい想いをしていました。

私は大学生のころ、無闇に生徒にプレッシャーを与える学校教育に問題意識を持っており、もっと自由にのびのびと才能が発揮できる学びのあり方を模索した結果、「ワークショップ」と呼ばれる学習スタイルに関心を持ち、実践していました。

私が開催するワークショップには、中学受験に失敗してしまい自信を失った子や、不登校の子どもなど、さまざまな子どもたちが通ってくれていました。

そのなかに、「吃音」の特性を持った小学5年生のA君がいました。A君はグループワークになると、他の子どもたちとの自己紹介タイムで必ず言葉がつっかえてしまい、うまく話せない。一言も発さないままでも、なぜか、毎回のワークショップに参加してくれている。そんな状況が半年ほど続いていました。

そんなある日、たまたまあるワークショップで、私が「あなたが小さい頃に夢中になっていた遊びはなんですか?」と、問いかけたときのことです。その問いかけが、何かA君のスイッチを入れたのでしょう。A君は堰を切ったように自分が気に入っていた遊びについて流暢に解説してくれ、周囲を驚かせたのです。その後、A君は別人のようにアイデアを次々に提案し、大人が驚くような作品を生み出したことを、今でも昨日のことのように覚えています。

それ以来、私は「誰しもが心の中に魅力と才能を秘めており、それが必ずしもすべては発揮できていない。ちょっとした環境の要因によって、ポテンシャルが抑圧されているのではないか」と考えるようになりました。

その問題意識から、私は大学院に進学し、「学習環境デザイン」という領域を専攻しながら、「問いかけ」の技術と効果について、認知科学的な実証研究を繰り返しました。それから10年以上研究を継続し、前著『問いのデザイン：創造的対話のファシリテーション』に、「問い」の重要性と設計技法について、体系的にまとめました。日本の人事部「HRアワード2021」書籍部門の最優秀賞に選出されるなど、ベストセラーとなりました。

現在は、東京大学大学院情報学環で特任助教として研究を継続しながら、株式会社ＭＩＭＩＧＵＲＩ（ミミグリ）という会社の代表を務め、大企業からスタートアップまで、さまざまな組織の創造性を引き出すお手伝いをしています。

本書の構成

本書『問いかけの作法：チームの魅力と才能を引き出す技術』は、私のこれまでの研究と実践の成果を、チームのミーティングにおける「問いかけ」に落とし込んだ実践書です。ミーティングには、集団で話し合うチームミーティングだけでなく、１対１の面談形式で行われる１ｏｎ１※も含みます。

「問いかけが重要なのはわかったけど、質問を考えるのが苦手だ」という人も、少なくないでしょう。しかしながら、**問いかけは人間力やセンスではなく、一定のルールとメカニズムによって説明できる、誰にでも習得可能なスキル**です。問いかけに必要な要素と工程を分解し、誰にでも実践可能なプロセスに落とし込んだ理論が、本書で提案する「問いかけの作法」のモデルなのです。

もちろん、本書を「ただ読む」だけでは、チームの魅力と才能を引き出せるようにはなりません。本書の理論は、現場で実践を繰り返すことで、より理解が深まる内容になっています。

急いで読み終えようとせずに、1章ずつ、あるいは1項ずつ読み進めながら「本書を読み進める」「実際のミーティングで実践してみる」「手応えを振り返る」という試行錯誤を何度も繰り返すことで、本書の知があなたの身体にじわじわと染み込み、技術が磨かれていく実感が得られるはずです。

※1on1：上司と部下で定期的に実施される一対一の面談のこと。

はじめに　チームは問いかけから作られる　2

Part I　基礎編

第1章　チームの問題はなぜ起きるのか

1―1　ファクトリー型からワークショップ型へ　27

1　チームのポテンシャルとは何か　28
2　チームの問題は、上司のせいか？　部下のせいか？　30
3　効率的なものづくりを支えたファクトリー型の組織　31

4 多様な個性が試行錯誤を重ねるワークショップ型の組織 33
Column 野生の思考とブリコラージュ 40

1-2 ファクトリー型のチームが陥る現代病 43
5 人間の環境適応能力の高さとその副作用 44
6 現代病① 判断の自動化による、認識の固定化 46
7 現代病② 部分的な分業による、関係性の固定化 49
8 現代病③ 逸脱の抑止による、衝動の枯渇 55
9 現代病④ 手段への没頭による、目的の形骸化 58

1-3 ワークショップ型でチームのポテンシャルを発揮する 62
10 チームのポテンシャルを左右する「こだわり」と「とらわれ」 63
11 こだわりの芽を育て、チームの核となる指針を耕す 64
12 油断せず、チームに忍び寄る「とらわれ」を疑い続ける 66
13 事例① 営業チームの個人主義を脱却させた問いかけ 69
14 事例② 開発チームに事業の情熱を取り戻した問いかけ 73
Column 組織の創造性が発揮された理想状態 77

第2章

問いかけのメカニズムとルール

2-1 問いかけのメカニズム 83
1 問いかけとは何か 84
2 問いかけを変えると、相手の反応も変わる 87
3 問いかけは、未知数を照らす「ライト」である 90
4 問いかけは、相手の感情を刺激する 93
2-2 意見を引き出す問いかけの基本定石 95
5 良い問いかけとは、味方を活かす「パス」である 96
6 日々の問いかけの蓄積が、チームの状態をつくる 98
7 メンバーの口を閉ざす、無自覚な問いかけ 101
8 意見を引き出す問いかけの4つの基本定石 104
9 問いかけの基本定石① 相手の個性を引き出し、こだわりを尊重する 106
10 問いかけの基本定石② 適度に制約をかけ、考えるきっかけを作る 113
11 問いかけの基本定石③ 遊び心をくすぐり、答えたくなる仕掛けを施す 116
12 問いかけの基本定石④ 凝り固まった発想をほぐし、意外な発見を生み出す 120

2-3 問いかけのサイクルモデル 126
13 問いかけの真価を発揮する、3つの作法 127
Column 心理的安全性 132

Part II 実践編

第3章

問いかけの作法❶ 見立てる

3-1 観察の簡易チェックリスト 137
1 見立てを問いかけの機軸にする 138
2 見立てとは、対象に解釈を加えること 139
3 卓越した観察力は本当に必要か? 142
4 初心者がぶつかる、膨大な情報量の壁 144
5 情報を取捨選択する「フィルター」の役割 146
6 初心者のための観察のガイドライン 148

第4章 問いかけの作法❷ 組み立てる

7 着眼点① 何かを評価する発言 154
8 着眼点② 未定義の頻出ワード 162
9 着眼点③ 姿勢と相槌 165
3-2 見立ての精度を高める三角形モデル 169
10 現場の観察だけでは限界がある 170
11 三角形モデルで「必要な変化」を見定める 172
12 事前に「場の目的」を確認しておく 175
13 チームの「見たい光景」をイメージする 178
14 三角形モデルで観察メモを取り、見立てに活かす 181
15 3ヶ月後に見たい光景を想像する 184
16 ときには場の目的を問い直し、変更を提案する 185
Column 観察の能動態と中動態 187

4-1 質問の組み立て方 193

1 即興的な問いかけと計画的な問いかけ 194
2 前提① チームにおける自分の立場や役職を考慮する 197
3 前提② 元々の自分のキャラクターや芸風に合わせる 199
4 質問を組み立てる3つの手順 203
5 質問を組み立てる手順① 未知数を定める 205
6 質問を組み立てる手順② 方向性を調整する 212
7 質問を組み立てる手順③ 制約をかける 221

4-2 質問の精度をあげる「フカボリ」と「ユサブリ」 234

8 フカボリモードとユサブリモードを使い分ける 235
9 フカボリモード① 素人質問 238
10 フカボリモード② ルーツ発掘 244
11 フカボリモード③ 真善美 252
12 ユサブリモード① パラフレイズ 256
13 ユサブリモード② 仮定法 264
14 ユサブリモード③ バイアス破壊 269
15 困ったときのパワフルな質問パターンリスト 276

4－3　複数の質問を組み合わせる　278
16　ミーティングのプログラムを組み立てる　279
17　2つのモードを混ぜ合わせて使いこなす　282
18　メインの質問から、必要なプロセスを逆算する　284
19　谷型と山型のプロセスを使い分ける　288
Column　組織開発と組織デザイン　292

第5章

問いかけの作法③　投げかける

5－1　注意を引く技術　297
1　ミーティングは「開始5分」が勝負!?　298
2　私たちは普段、想像以上に集中していない　301
3　問いかけの達人は、相手の注意を引くことから始める　303
4　メンバーの注意を引くための4つのアプローチ　304
5　注意を引くためのアプローチ①　事前に「予告」することで、心の準備をしてもらう　307
6　注意を引くためのアプローチ②　相手に「共感」することで、武装を解除する　311

7 注意を引くためのアプローチ③ 質問の前に前提を大袈裟に強調し、相手を「煽動」する 316
8 注意を引くためのアプローチ④ あえて「余白」をつくることで、質問に引きつける 318

5－2 レトリックで質問を引き立てる 320

9 質問を引き立たせる「文言」の工夫 321
10 問いかけのレトリックの3つのタイプ 324
11 レトリック(A－1)倒置法 語順を逆にすることで、前提を印象づける 329
12 レトリック(A－2)誇張法 大袈裟な表現で、フォーカスポイントを作る 331
13 レトリック(A－3)列挙法 具体的なキーワードを並べて、質問の抽象度をカバーする 334
14 レトリック(A－4)対照法 対をなすメッセージを添えて、質問を際立たせる 336
15 レトリック(B－1)比喩法 別のものにたとえることで、イメージを豊かにする 339
16 レトリック(B－2)擬人法 人間に見立てることで、質問に感情を込める 341
17 レトリック(B－3)共感覚法 五感に関する表現で、感覚を刺激する 343
18 レトリック(B－4)声喩法 オノマトペを足して、質問を情緒的にする 345
19 レトリック(C－1)緩叙法 二重否定を使って、直接表現の印象を操作する 346
20 レトリック(C－2)婉曲法 露骨にネガティブな表現は、オブラートに包む 348
21 着飾りすぎない、シンプルな問いかけも忘れない 350

5-3 問いかけのアフターフォロー 352
22 投げかけた直後の初期反応から、必要なフォローを見極める 353
23 質問に答えやすくする足場かけ① 前提を補足する 356
24 質問に答えやすくする足場かけ② 意義を補足する 358
25 質問に答えやすくする足場かけ③ ハードルを下げる 361
26 質問に答えやすくする足場かけ④ 手がかりを渡す 364
27 質問に答えやすくする足場かけ⑤ リマインドする 366
28 質問に答えやすくする足場かけ⑥ 組み立て直す 368
29 問いかける側のとらわれを揺さぶる、メンバーの問い返し 370
30 問いかけを支える、謙虚な「学習者」の姿勢 375
31 本音を引き出すために、相手の懐に一歩踏み込む 377
32 質問に向き合う姿勢にポジティブなフィードバックをする 380
Column 熟達と実践知 383
おわりに 問いかけをチームに浸透させる手引き 386
ダウンロード特典 398

第1章

チームの問題はなぜ起きるのか

あなたのチームは、普段どれくらいポテンシャルを発揮できているでしょうか？　一人ひとりのメンバーの才能が、いかんなく発揮されているでしょうか？　日々コミュニケーションが活発に交わされ、チームでしか生み出せないパフォーマンスが発揮されているでしょうか？

もし十分に発揮できていなかったとしても、悲観することはありません。いま「眠らせているポテンシャル」は、これからチームが成長できる「伸びしろ」でもあるからです。

時代の過渡期のなかで、多くのチームが自分たちのポテンシャルをうまく発揮できずに頭を悩ませています。本章では、チームのポテンシャルが抑圧されてしまう要因を「4つの現代病」に見出します。

これらの現代病のメカニズムを理解すると、自ずとあなたのチームのポテンシャルを阻害していたボトルネックが見えてくるはずです。まずは問題の原因をしっかり理解した上で、処方箋としての「問いかけ」の可能性に迫っていきましょう。

1-1

ファクトリー型から
ワークショップ型へ

MANNERS 01

チームのポテンシャルとは何か

本書で解説する問いかけの作法とは、**チームメンバーの魅力と才能を引き出し、チームのポテンシャルを最大限に発揮するための技術**です。

第1章では、具体的なテクニックの話に入る前に、チームのポテンシャルが発揮された状態とは、どのような状態なのか。なぜ多くのチームにおいて、ポテンシャルが抑制されてしまうのか。誰も自分の意見を述べない「お通夜ミーティング」は、なぜ生まれてしまうのか。その要因について、時代背景とともに読み解くことで、「問いかけ」の意義を確認します。

そもそもチームの「ポテンシャル」とは、いったい何でしょうか。

ポテンシャル（potential）とは、「潜在能力」という意味です。まだ顕在化されていない、眠っている能力のことを指します。

昔から「火事場の馬鹿力」というたとえ話があります。

火事のような危機的な状況に置かれたときに、普段は考えられないような重たいものを持ち上げられる現象を指しています。逆境で、眠っていた力が解放される。少年漫画などでよくある展開です。

しかしこれは迷信ではなく、スポーツ科学では実証されています。私たちは、日常生活において、身体に過剰な負担をかけないように無意識にブレーキをかけています。

また、ふだんは使わない筋肉や関節が凝り固まることで、身体の一つひとつのパーツを最大限に使うことができなくなっているのです。

これは「チーム」においても、同様ではないでしょうか。

あなたのチームでは、メンバー一人ひとりのモチベーションやパフォーマンスが最大限に発揮されているでしょうか？　無意識のうちに、ブレーキがかかっていないでしょうか？　一人ひとりのこだわりを、眠らせてはいないでしょうか？

MANNERS 02

チームの問題は、上司のせいか？ 部下のせいか？

私はこれまで多くのチームのミーティングをファシリテートしてきましたが、優秀な個人が集まったからといって、良いチームのパフォーマンスが発揮されるわけではない、ということを何度も痛感してきました。

放っておいても意見が活発に飛び交い「三人寄れば文殊の知恵」のような状況が生まれることは、ごくごく稀です。一人ひとりの内面には何かしらのこだわりが眠っているのでしょうが、多くのチームにおいて、少なからずお互いの意見が抑圧されており、チームのポテンシャルが阻害されているように思います。

このような状況は、なぜ起こってしまうのでしょうか。上司の人柄やスキルに問題があるのでしょうか。それとも部下のやる気やコミュニケーションスキルが足りないせいでしょうか。

私は、**チームの問題の要因は、特定の「誰か」のせいではなく、チームを取り巻く時代環境の大きな「過渡期」によるもの**だと考えています。

さらに付け加えれば、人間が賢く、高い学習能力を持っていたことによって、環境適応に成功してきたことに、その秘密があるのではないかと考えています。

MANNERS 03

効率的なものづくりを支えたファクトリー型の組織

現代においてチームのポテンシャルが抑制されているように感じられる要因は、前時代に求められていた**トップダウン方式の「ファクトリー型」の組織形態に、仕事のスタイルを適応させた結果**だと考えられます。

日本経済が飛躍的に成長した1960年代後半は、市場が右肩あがりに成長し、とにかく技術をアップデートさせながら製品を改善していれば、売上を高めることができました。一度ヒットした製品が売れ続け、そう簡単には市場の「ものさし」は変わらず、目の前の「改善」がすぐに成果に直結する世界でした。高度経済成長によってものづくりは大幅に発展し、さらに1970年代以降はコンピューターの普及からソフトウェア開発の方法論も発展しました。

この時代のものづくりの進め方は、作業の工程を「要件定義」「外部設計」「内部設計」といったように分割して、段階的に進めていく方法が主流でした。私は、この時代の仕事のスタイルを「**ファクトリー型**」と呼んでいます。ファクトリーとは、工場のことです。

ファクトリー型の組織では、経営層が定めた「問題」について、現場メンバーがひたすらに「解決策」を磨き続けることで推進されます。効率的に業務を継続させるために、管理者としてのミドルマネージャーが、そのプロセスを監督します。

ファクトリー型におけるチームの意義は、**作業を効率的に分担する**ことです。したがって、なるべく同一の職能を持ったメンバーでチームは構成されます。トップダウン的に定義された「設計図」に従って各人に作業を振り分けたら、それぞれのメンバーはミスなく、効率的に作業を進め、役割を遂行することが求められます。ソフトウェア工学では、上から下に「水が流れ落ちる」ように工程が進むことから、このやり方は「ウォーターフォール型」とも呼ばれます。

ファクトリー型の仕事の進め方は、現代においても依然として有効です。目標数値を達成することが何よりも最優先される営業管理チームや、企業において主な収益源である既存事業を、日々少しずつ改善し続けることが求められる製造業などでは、ファクトリー型に習熟していくことが、今でも求められています。

MANNERS 04

多様な個性が試行錯誤を重ねるワークショップ型の組織

しかし現代は、「VUCAの時代」だとよく言われます。VUCAとは、不安定性（Volatility）、不確実性（Uncertainty）、複雑性（Complexity）、曖昧性（Ambiguity）のそれぞれの頭文字をとった略語です。アメリカの軍事研究から生まれ、ビジネスの世界に輸入された言葉です。昨日うまくいったことが、明日には通用しなくなるかもしれない。変化が激しく、未来に見通しが持てない時代であることを説明する際に、よく用いられています。

ＶＵＣＡという言葉は数年前からビジネス書などで何度も見かけるようになっていましたが、２０２０年の新型コロナウイルスの感染拡大によってさまざまな常識が覆され、世界中がＶＵＣＡを体感することになりました。

このような状況においては、仕事のスタイルを「ファクトリー型」だけで進めるのではなく、徐々に「**ワークショップ型**」に切り替えていく必要があります。ワークショップとは、工房のことです。

そこには、あらかじめ定義された精緻な設計図は存在しません。目の前の素材や道具を使って手を動かし、ありあわせの材料で試作を繰り返しながら、その状況にフィットした「目的」そのものを自ら発見していかなくては、工房のものづくりは進みません。

これは近代的な「工場」が誕生するより以前からあった方法ですが、安定した正解が存在しない状況が増えてきた現代においては、ワークショップ型のほうが柔軟で効果的なアプローチだといえる場面も増えてきています。

ワークショップ型の組織における経営層の役割は、**現場と対話しながら「理念」を探究する**ことです。そしてミドルマネージャーのファシリテーションのもと、現場メンバーは自ら「問題」を発見し、自ら「解決策」を探索することが奨励されます。

ワークショップ型においては、素材や道具に対する「こういうものだ」「こうすべきだ」という思い込みや、昨日までの「成功パターン」のようなものは、新しい発想の邪魔になります。固定観念にとらわれずに実験を繰り返し、常に新しい可能性を探索する姿勢が求められます。

また、チームメンバーの存在意義も異なります。ファクトリー型においては、チームは分業の手段でした。最初に作業を割り振ってしまえば、進捗の共有や報告などを除くと、逐一コミュニケーションをとる必要はありませんでした。

しかしワークショップ型の醍醐味は、仕事の過程におけるコミュニケーションにこそあります。一人の専門性や視点だけで新しい実験を繰り返すことには限界があるため、なるべく多様な専門性やこだわりを持ったメンバーでチームを構成します。もしかすると、ある領域の知識や技術に関しては、上司よりも部下が高い可能性もあるでしょう。そしてまだ「やるべきこと」

が定まっていないうちから、仲間たちと絶えず対話を重ねて、お互いの「異なる視点」に刺激を受けながら、「チームとしてのこだわり」を探索していくのです。

ときに試作したものが、思うようにうまくいかないこともあるでしょう。異なる前提に立った相手の意見を理解できなかったり、納得できなかったりすることもあるでしょう。しかしそれを乗り越える過程には学びが詰まっています。失敗も含めた試行錯誤の過程に、ワークショップ型の喜びがあるのです。

ソフトウェア開発では、ウォーターフォール型に対置させて、多様な職能を持ったメンバーでチームを構成し、短い工程で仮説検証を繰り返し、学習しながら進めていく開発方法を「アジャイル（俊敏な）型開発」と呼び、注目されています。

繰り返しになりますが、現代において、ファクトリー型のアプローチが無効になったわけではありません。特に大きな組織の場合には、部署ごとの役割分担が進み、さまざまなチームが存在しています。管理や改善を求められるチームの場合は、設定した目標をミスなく達成するファクトリー型のやり方を、そう簡単に捨てるわけにはいきません。

業種や役割によって、ファクトリー型とワークショップ型の比率が「7：3」くらいが最適のチームもあれば、「5：5」で使い分けているチームもあるでしょう。

新規事業開発を担当するチームや、ベンチャー企業であれば「0：10」でワークショップ型に振り切っていく必要があるかもしれません。

しかしどんな役割のチームであっても、これからの時代はファクトリー型に偏重した「10：0」のままでは、うまくいきません。

私たちが生きているこの社会が、VUCAの時代と呼ばれるほど変化が激しく「正解」がわからない時代であることは、疑いようのない事実です。上から与えられた設計図を疑いもせず、言われるがままにこなすだけでは、

ファクトリー型からワークショップ型へ

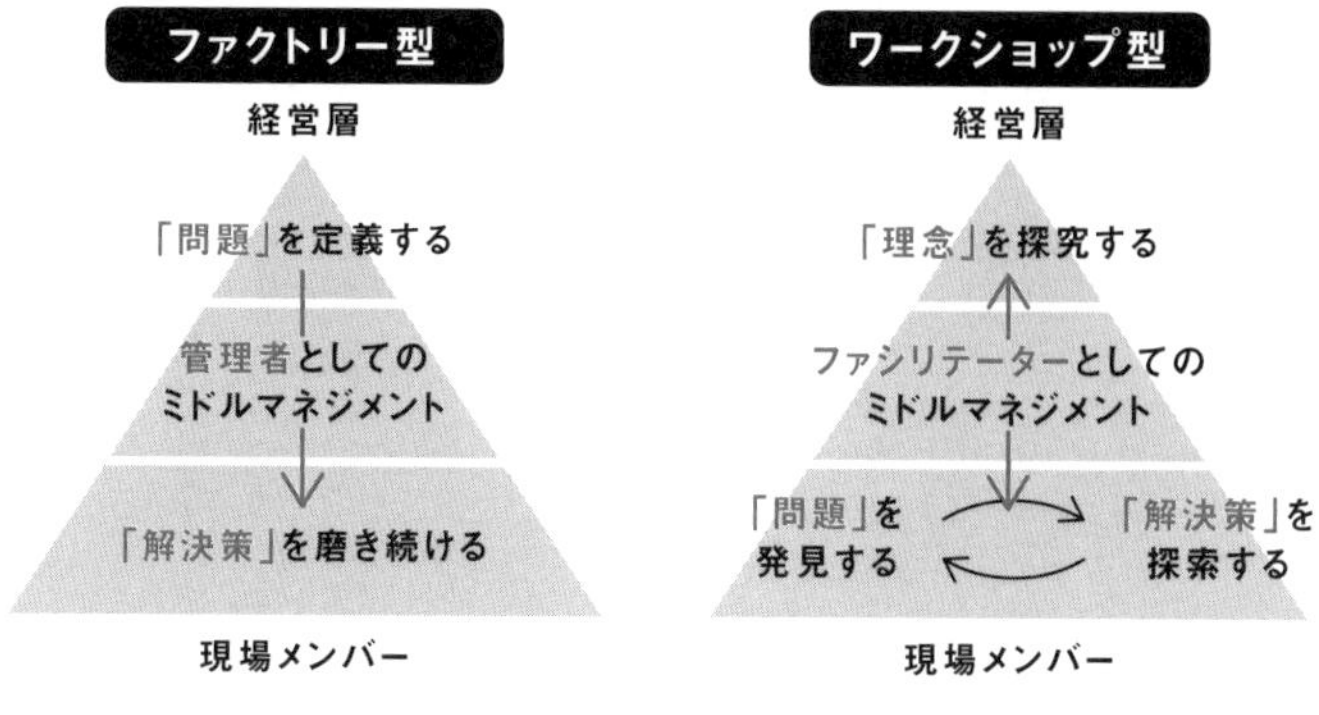

必ずどこかで個人もチームも立ち行かなくなってしまいます。

これまでの経営やキャリアの考え方が揺らいでいく中で、一人ひとりが、自分の仕事の意味と意義を自分の頭で考え、自分らしいひと工夫を凝らして、自分なりの納得解を見つけようとする姿勢は、どんな職種にとっても大切です。そしてそれを孤独に進めるのではなく、仲間と一緒に対話をしながら進めていくことは、もはや一人の力では到底解決できない問題に溢れるこの社会において、必要不可欠です。

長い年月をかけて私たちの身体に染みついてしまったファクトリー型の考え方からは、そう簡単には抜け出せません。かなり意識的に「ワークショップ型に移行しよう」と努めなければ、多くの場合、染みついた慣性によって、すぐにファクトリー型に引き戻されてしまいます。

私たちはなぜ、ワークショップ型に切り替えたくてもなかなか切り替えられないのでしょうか。次節から、チームのポテンシャルを阻害する根本要因に迫っていきます。

ファクトリー型とワークショップ型の違い

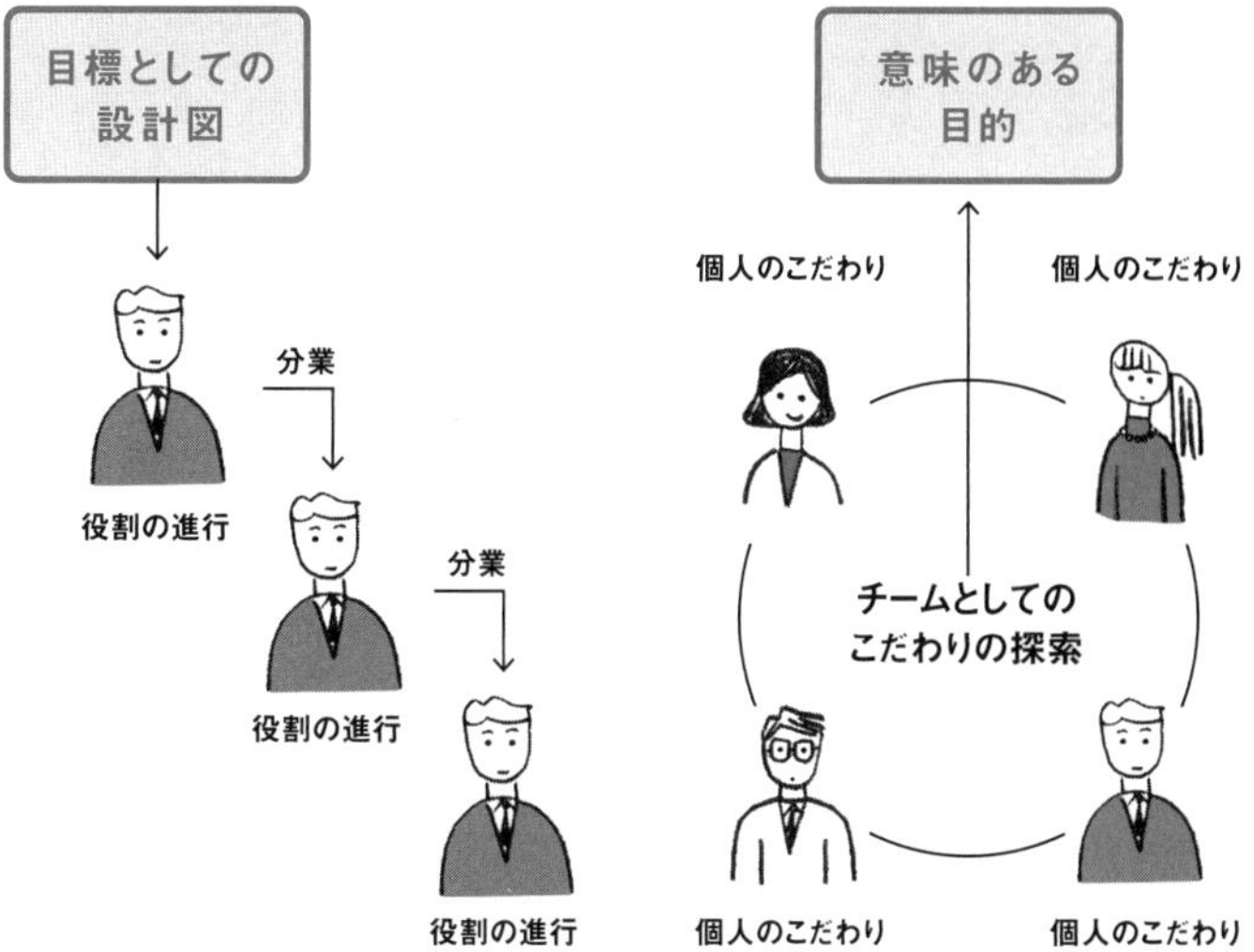

ファクトリー型	ワークショップ型
上から設計図が与えられる	自分たちで目的を見つける
完成するまで設計図に忠実に作る	手を動かしながら軌道修正する
過去の成功方法をできるだけ再現する	慣習にとらわれず、積極的に実験する
チームで作業を効率的に分担する	チームで多様な個性を混ぜ合わせる
ミスを恐れ、正確にルーティンをこなす	試行錯誤を楽しみ、失敗から学ぶ

COLUMN

野生の思考とブリコラージュ

ワークショップ型のスタイルの特徴を深めるにあたって、名著『野生の思考』※が参考になります。フランスの人類学者・クロード・レヴィ＝ストロースが1962年に出版し、一世を風靡した著作です。

レヴィ＝ストロースは、ファクトリー型のような近代の合理主義的な思考法を批判的に問い直し、その代替となるアプローチを、それまで未熟と考えられ注目されていなかった「未開民族」たちに見出しました。たとえば、アマゾン川流域の先住民族たちは、ファクトリー型のような設計図に基づく効率的なアプローチは採用しません。

目標と計画を立てたところで、目標を達成するために特別に考案された道具を、調達できるとは限りません。現実的には、たまたま手元にあった道具を用いて「使えるかどうか」を試すほかないでしょう。その道具がそこにあった理由は、いつか役に立つかもしれないという直観に基づいてコレクションしておいたなど、その程度の理由かもしれません。だから道具が役に立たなければ、別の道具を試してみるし、どの道具もうまく使えなければ、手持ちの道具を使って作れるものを、作るべきものだったことにして、ありあわせで間に合わせていきます。

私たちの日常にたとえるならば、冷蔵庫の残り物と、たまたま近所のスーパーで割り引かれていた食材を使って、それがまるで「今晩食べたかったメニュー」であるかのように、夕食の品を完成させていく工程に似ているでしょう。手元にある資源を柔軟に組み合わせながら、さしあたりの目的を達成してしまう、あるいは、目的そのものを生み出してしまうやり方です。

レヴィ＝ストロースは、このように道具を寄せ集めながらものを修繕していく未開人の仕事のスタイルを「ブリコラージュ」と呼び、これこそが人類にとって創造的かつ普遍的な思考法であると確信し、「野生の思考」として復権を試みたのです。

※『野生の思考』（クロード・レヴィ＝ストロース・著、大橋保夫・訳、みすず書房、1976年）

同時にレヴィ＝ストロースは、目標と計画に基づく近代合理的なものづくりの方法を「エンジニアリング」として対置させ、むしろ「エンジニアリング」のほうが、人類にとって不自然な、特殊なやり方であると強調したのです。

「エンジニアリング」は、いわば「夕食にビーフカレーを作る」という目標を立てたら、それを固定し、牛肉を目掛けてスーパーに出かけるやり方です。もし牛肉が売り切れていたならば、目標を達成するためには、別のスーパーに出かけるしかありません。途中でパーツが足りなかったからといって、設計図を引いた自動車を作ることをやめるわけにはいきません。これが、ブリコラージュに対比されるエンジニアリングの考え方です。実は複雑な現実世界において、創造的な力強さを持っているのは、ブリコラージュのほうだというのが、レヴィ＝ストロースの中心的な主張でした。

チームのスタイルをファクトリー型からワークショップ型に切り替えていくということは、レヴィ＝ストロースの言葉を借りれば、チームに「野生」の創造性を取り戻していくことなのかもしれません。

1-2

ファクトリー型の
チームが陥る現代病

MANNERS 05

人間の環境適応能力の高さとその副作用

日本企業の多くは、これまで何十年もかけてファクトリー型の仕事の技術と習性に磨きをかけてきました。これまでの時代においては、ファクトリー型が最も成果をあげる方法だったのですから、それを習得しようとするのは当然です。

人間は元来、非常にすぐれた学習能力、すなわち環境適応能力を持っています。また、学校教育のカリキュラムも、ファクトリー型の人材を育て上げる最高のプログラムが整備されています。それによって、私たちの能力と性質は、長い年月をかけて、ストレスなくファクトリー型の仕事を遂行できるように、順応してきたのです。

その順応過程で発生した副作用のようなものが、時代環境の過渡期において、ワークショップ型への移行を阻害する、あしき慣習となっているのです。

以下、それぞれ「4つの現代病」としてポイントを整理しながらみていきましょう。

ファクトリー型への環境適応による「4つの現代病」

1 判断の自動化による、認識の固定化
2 部分的な分業による、関係性の固定化
3 逸脱の抑止による、衝動の枯渇
4 手段への没頭による、目的の形骸化

MANNERS 06

現代病①

判断の自動化による、認識の固定化

ファクトリー型においては、なるべく早く、効率的に作業を進めることが求められました。そこで私たちは、仕事の工程においていちいち考え込まなくても意思決定ができるように、多くの思考過程を自動的に処理できるように順応してきました。これが「**判断の自動化**」という、環境適応です。

たとえば「青信号のときに、歩行者は、進むことができる」という基本ルールを学んだときのことを思い出してみてください。当初は「いまは赤だから、進んではいけないな」「よし、青色に変わったから渡ろう」などといちいち考えながら判断しなくてはなりませんでした。しかし次第に「なぜそうなのか」を考えなくても判断ができるようになり、今では「今晩は何を食べようかな」などと、別のことを考えながらでも道路を渡れるようになっています。

いちいち横断歩道に差し掛かるたびに、「私にはたまたま青に見えているが、もしかしたら他の人には赤に見えているかもしれない」「安全とはいったい何だろうか？」などと哲学にふけっていては、なかなか目的地にたどり着けないでしょう。

素早く効率的な作業が求められるファクトリー型においては、「判断の自動化」は、非常に有効な戦略でした。人間は長い年月をかけて、この戦略に適応してきたのです。

しかしながら、新しい可能性を探索し続けるワークショップ型の仕事のスタイルにおいては、**自動化された判断基準は、ときに新たな発想を阻害する「固定観念」となりえます。**

前述した「青信号のときに、歩行者は、進むことができる」というルールは、道路交通法にも定められており、疑う余地のないルールのように思えます。しかし「信号が青だからといって、手放しで『安全』とは限らないのではないか」「信号を無視する自動車も一定数存在するはずだ」「実際には緑色なのに、なぜ青信号と呼ぶのか」と疑念を持つことは、自分自身の身を守る上でも、社会の共通認識の納得度を深める意味でも、問い直す価値があるかもしれません。

ワークショップ型の仕事のスタイルにおいては、このように「当たり前」だと思っていた前提に対して、ふとしたときに疑いをかけ、「本当だろうか？」「別の可能性はないだろうか？」と探り続ける姿勢が有効です。このことを「**とらわれを問い直す**」と表現します。

組織において、長い年月をかけて「ひとつの仕事」を突き詰めてきた人ほど、自分の専門に対する膨大な知識とルールを持っています。これは、ファクトリー型の仕事のスタイルにおいては、ミスなく効率的に、成果を生み出すための「強力な武器」でもありました。

しかし唯一の正解がなく、変化し続ける時代環境においては、「過去にうまくいったやり方」をやり続けることは、新しい発想や、新しいチャレンジを阻害します。**過去の「武器」は、未来の「足かせ」にもなる**のです。これが「判断の自動化」が招く、「認識の固定化」という現代病です。

現代病① 認識の固定化
過去の経験を通して暗黙のうちに形成された固定観念にとらわれ、新しい発想が生まれにくくなっている状態

MANNERS 07

現代病②
部分的な分業による、関係性の固定化

ファクトリー型においては、チームで作業を振り分け、分業を進める必要がありました。

人間の驚くべき能力のひとつに、お互いのことを深く理解していない他者とでも、コミュニティを形成し、協力関係を築くことができる力があります。

たとえば、あなたのかつての学校のクラスメートの中には、腹を割って語り合える親友がいたかもしれませんが、数えるほどしか会話をしたことがない相手もいたのではないでしょうか？付き合いにはおそらく濃淡があったはずです。

しかしひとたび文化祭で「ひとつの出し物」を協力して企画することになれば、お互いのことをたいして知らなくても、役割さえ分担すれば、分業ができたはずです。

サークルや部活動、ご近所付き合いなども同様でしょう。相手の才能や価値観について深く知らないまま、一定の距離感を保って協力関係を築いてきたケースは少なくないはずです。

私たちは「まったく知らない人」については警戒するくせに、他者について「部分的」にでも理解することができれば、「この人はこういう人である」「この人は悪い人ではない」という仮説を素早く立てて、協力関係を築くことができるのです。

これが「**部分的な分業**」という、環境適応です。

チームが結成した初期段階のうちにお互いの個性について理解できていればよいですが、そうでない場合、「部分的な分業」の状態を放置すると、チーム内に「あの人は主体性がない」「あの人は話を聞いてくれない」といった「決めつけ」を生み出し、お互いの関係性を悪化させてしまうリスクがあります。

「わかったつもり」が生み出す、上司と部下のすれ違い

以前に、ある家電メーカーX社の部門長を務めるマネージャーA氏から、「うちのエンジニアは頭が堅くて、アイデア発想力が低くて困っている」と相談を持ちかけられたことがありました。ファクトリー型から脱却し、現場にアイデアの提案を求めるも、うまくワークショップ型のスタイルに移行できずに苦労している様子でした。

しかし実際に部下のエンジニアのB氏の声に耳を傾けてみると、「うちの上司は最近の技術に疎いし、頭も堅いから、アイデアを提案しても聞いてくれないんですよね」と、部下には部下の悩みがあるようでした。

互いが互いに「相手の頭が堅い」と決めつけ、相手に対する期待値を下げて、コミュニケーションをとることを諦めてしまっている状態。まさに「はじめに」で述べた「孤軍奮闘の悪循環」の状況です。思い通りにチームが動かずに「悩める上司」の対岸では、自分の能力を十分に発揮できずに、「鬱屈している部下」がいる。**お互いのことをわかったつもりになっていただ**

け で、**本質的にはわかりあえていない**状態だったのです。

ファクトリー型の分業にとどまるのであれば、このままでもよいのかもしれません。しかしワークショップ型のスタイルでは、それぞれのメンバーから主張や結論がまだ固まり切っていない「生煮えの意見」を交わすことを奨励します。一人ひとりの意見に対して、「なぜこの人は、この意見にこだわっているのか」と、お互いの背後にある「見えない前提」について深く理解しようとする土壌がなければ、異なる視点が交錯するワークショップ型のコミュニケーションには移行できないでしょう。

これが、**部分的な分業が招く「関係性の固定化」**という現代病です。

現代病② 関係性の固定化
チームメンバー同士が互いのこだわりを深く理解せず、
前提がずれたまま関係性が凝り固まった状態

対話と議論は何が違うのか？

本書で繰り返し登場する「対話」と呼ばれるコミュニケーションの性質について、「議論」と比較しながら整理しておきましょう。ワークショップ型のチームに切り替えていくうえで、「対話」や「対話的な関係性」が何を表しているのかをわかっておくことは重要です。

議論(discussion)

議論とは、チームの合意結成や意思決定をするための建設的な話し合いです。ファクトリー型の組織において、最も多く活用されるコミュニケーションでしょう。論理的な話の道筋や、主張の正しさ、効率性が重視され、「チームにとっての最適な結論」を決めることが目的です。

対話(dialogue)

対話は、比較的自由な雰囲気の中で行われます。議論と明確に異なる点は、論理や正しさの観点から「チームにとっての最適な結論」を出そうとしない点にあります。それよりも、意見の背後に、それぞれのメンバーがどんな意味づけをしているのか、理解を深めることのほうが重要です。自分とは異なる意見が出てきても、「それは違う」「私は反対だ」と焦って判断や評価を下さずに、「この人は、なぜこのような意見を持っているのだろうか」「背後で、何を大事にしているのだろうか」と、暗黙の前提や価値観に興味を持って、理解しようと努めるのです。

比較すると、ワークショップ型にとって重要な、お互いの多様な「こだわり」を理解した上で、それをチームにとって共通の「こだわり」に昇華させていくプロセスには、「対話」が不可欠であることがわかるでしょう。

対話では、意見の背後にある前提や価値観を考える

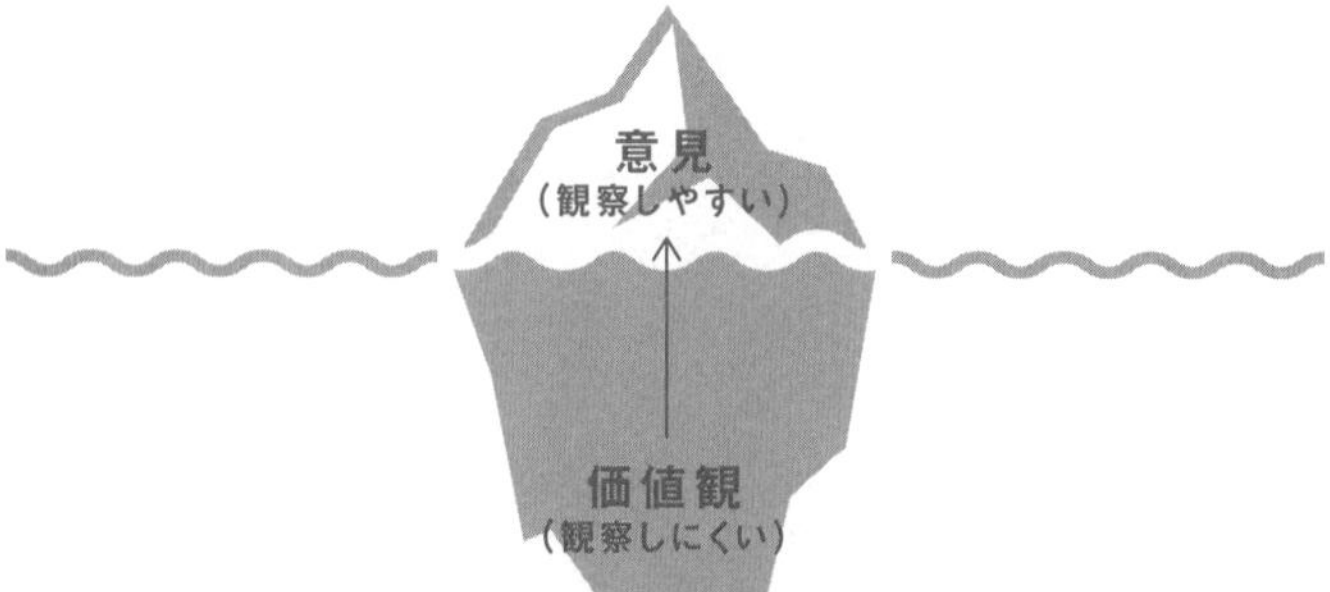

MANNERS 08

現代病③
逸脱の抑止による、衝動の枯渇

ファクトリー型においては、なるべくミスを犯さないように、設計図に忠実に仕事を進める必要がありました。

人間はロボットではありませんから、完全にミスをなくすことなど不可能です。しかしファクトリー型の組織で活躍する人材を育てるためには、そうも言っていられません。そこで従来の伝統的学校教育では、生徒がミスを犯さないことを第一に、減点法のフィードバックを重視してきました。たとえばマーク式のテストでは、仮に求められる知識を深く理解していたとしても、回答時に1マス塗り間違えてしまえば、点数はもらえません。

正解の基準を定められ、失敗に対するネガティブフィードバックを毎日のように受けていると、当然ながら、**個性的なパフォーマンスをしようとするよりも、なるべくミスをしないようにすることに、意識を向ける**ようになっていきます。

さらに伝統的な学校教育には、他の生徒と足並みを揃えさせる同調圧力をかける仕組みが満載です。たとえば教師から「前を向きなさい」と注意されたら、ほとんどの生徒は教壇の先の黒板のほうを向くはずです。空間に「前後」の定義が明確になされた記憶はありませんが、無自覚に全員が「どちらが前か」を理解し、従ってしまう。これが「教室」という権威を象徴した発明です。

このような環境に順応する過程で、私たちは他の生徒と足並みを揃えて、なるべく集団の輪から外れないように、規範から逸脱する行動に、ブレーキをかけるようになっていきます。未だに「お手洗いに行ってもいいですか?」と、誰かに許可を取りたくなってしまいませんか?そんなふうに、本能的な欲求にすらブレーキをかけてしまうところに、学校教育の成果が現れているのかもしれません。これが「**逸脱の抑止**」という、環境適応です。

この性質は、ミスを防ぐことを第一とするファクトリー型であればよいかもしれませんが、実験を奨励するワークショップ型においては致命的な足かせになります。さらにチームに「関係性の固定化」が蔓延している場合、逸脱の抑止の傾向はさらに顕著になります。

前述した家電メーカーを思い浮かべればわかりやすいでしょう。上司から「頭が堅い」と決めつけられているエンジニアが、日常の業務において、自ら柔軟な発想を披露できるでしょうか？
よほど精神力が強くない限り、このような状況下では、人は主体的にはなれないはずです。「どうせ提案しても、聞いてもらえない」「どうせアイデアを考えても、実現されない」といったネガティブな考えが頭をもたげ、仮に自分が「やりたい！」と思えるアイデアが浮かんでいたとしても、それは心の中にそっとしまわれたまま、日の目を見ることはないかもしれません。

このように「逸脱の抑止」は、チームメンバーの内発的な動機を阻害する「**衝動の枯渇**」という現代病を生み出します。衝動とは、人の内側から湧き上がる欲求のことで、子どもの頃から誰しもが持っている本能的な感覚です。ところが、規範から逸脱することを恐れ、関係性が凝り固まったままでは、それが**主体的な行動や発想のストッパーとして働き、本来あるはずの衝動に「蓋」がされた状態になります。**

職場において衝動が枯渇した状態が続くと、人は「仕事の外」で、つまり、友人や家族とのプライベートや趣味の時間を使って、自分の衝動を満たそうとします。

もちろん私生活を充実させるのはとてもよいことです。しかし、せっかく持っている創造的なエネルギーを、仕事で封印したままにするのは、非常にもったいないことです。

現代病③ 衝動の枯渇
チームメンバーの内発的な動機に蓋がされ、主体的な行動やこだわりのある発想が抑圧されている状態

MANNERS 09

現代病④ 手段への没頭による、目的の形骸化

ファクトリー型においては、最初に設計図を作成し、計画を立てたら、それに従って淡々と作業を進めていくことが求められます。高度な専門性が必要な作業であっても、前述した「判断の自動化」を活用して、なるべく素早く効率的に処理できるように習熟していく必要があり

ます。これに順応するために、私たちは「手段への没頭」という戦略を活用します。

よく耳にするエピソードに「3人のレンガ職人」という話があります。

ある旅人が、中世のとあるヨーロッパの町を訪れたときにレンガを積んでいる3人の職人を見かけます。そして「あなたは、ここで何をしているのですか？」と尋ねるのです。旅人はなぜ突然そんな問いかけをしたのか、謎に包まれていますが、3人からは興味深い回答が返ってきました。

それぞれの回答を要約すると、1人目の職人は「私は見ての通り、ひたすらレンガを積んでいます」と答えました。そして2人目の職人は「私は大きな壁を作ってい

3人のレンガ職人

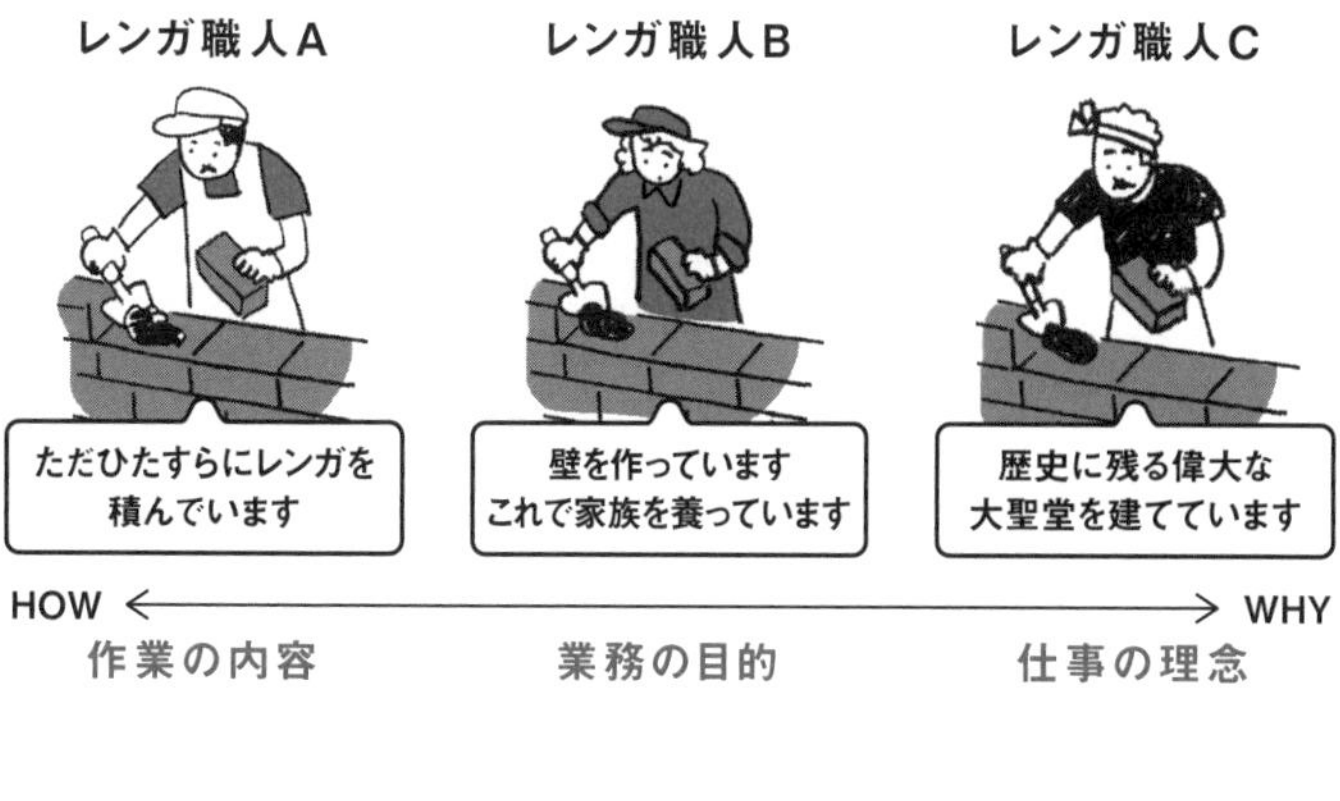
レンガ職人A
レンガ職人B
レンガ職人C
ただひたすらにレンガを積んでいます
壁を作っています
これで家族を養っています
歴史に残る偉大な大聖堂を建てています
HOW
WHY
作業の内容
業務の目的
仕事の理念

ます。この仕事で、家族を養っているのです」と答えました。他方で、3人目の職人は「私は歴史に残る、偉大な大聖堂を建てています」と答えました。言い換えれば、1人目は「作業の内容」を答え、2人目は「業務の目的」を、3人目は「仕事の理念」を答えた、と解釈することができるでしょう。

このエピソードは、多くの場合、3人目の職人のように、手段としての作業（How）ではなく、手段に込められた目的（Why）を強く意識し、モチベーションを高く働くことの重要性を説く際に、引き合いに出されます。

しかし着目すべきは、1人目の職人です。

たしかに3人目の職人の視座の高さは素晴らしいですが、そのような意味づけをしなくても、私たちは「レンガを積み続けることができる」という点に、人間の環境適応能力の高さがあると思うのです。つまり、**なぜそれをやるのか、作業の目的を感じられなくなっていても、手段そのものを続けること自体に没頭することができる。**これが、「手段への没頭」という環境適応です。これもまた、科目が細分化された教科教育を学ぶ意義がわからぬままペーパーテストのスコアを上げることに没頭させる伝統的な学校教育の賜物だといえるでしょう。

手段への没頭は、現代の企業においても起こりうる現象です。この業務やプロジェクトは何のためにやるのか。そもそもこの会社は、何のために存在しているのか。

最近では、コロナ禍で事業の存在意義が揺らぎ、企業理念を見つめ直す会社も増えてきています。しかし「歯を毎日磨く」ことの目的をいちいち考えないのと同じように、私たちは目の前のルーティンを「なぜやるのか」と問い直すことは、あまりしません。

掲げた当初は想いに溢れていたはずの目的も、次第にエネルギーが失われていく。これが「手段への没頭」によって引き起こされる「目的の形骸化」という副作用です。

ファクトリー型では支障はないかもしれませんが、ワークショップ型の組織においては、自分たちが目的を発見し続けることができるチームを目指さなくてはなりません。

現代病④ 目的の形骸化

目的と手段がずれたまま、手段が自己目的化し、何のためにそれをやっているのか意義が感じられなくなっている状態

1-3

ワークショップ型でチームのポテンシャルを発揮する

MANNERS 10

チームのポテンシャルを左右する「こだわり」と「とらわれ」

4つの現代病「認識の固定化」「関係性の固定化」「衝動の枯渇」「目的の形骸化」は、現代の企業や学校、地域コミュニティ、あるいは家族まで、多くの組織やチームに蔓延しています。

ここまでの話を総括すると、現代病を乗り越え、私たちが目指すべきワークショップ型のチームの「ポテンシャルが発揮されている状態」とは、チームにおいて**「こだわり」を見つけて育てる**ことと、**「とらわれ」を疑い問い直す**ことの両方が、互いに循環しながら実現されている状態だとイメージしておくとよいでしょう。

チームのポテンシャルが発揮されるための循環

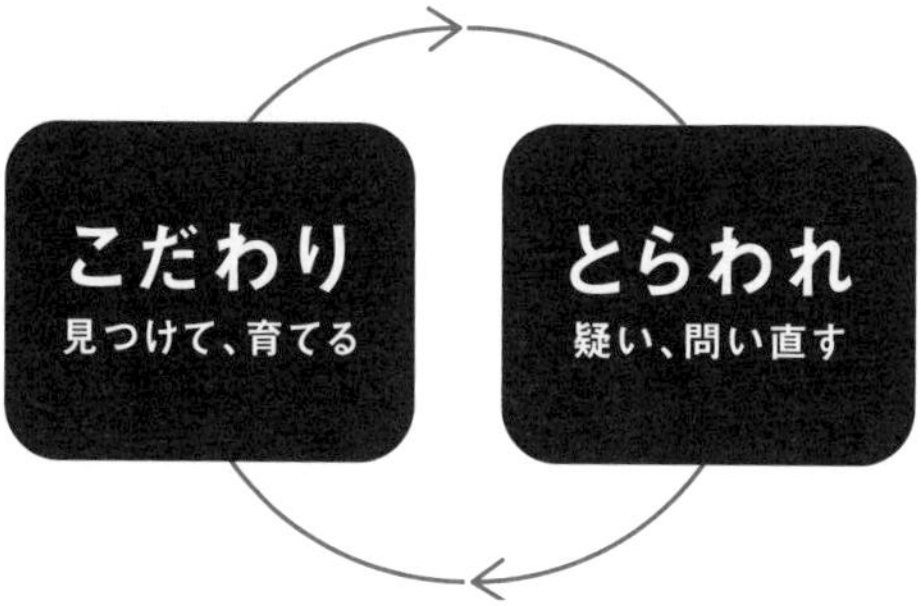

「こだわり」を見つけて育てることとは、チームメンバーの一人ひとりの「衝動」を尊重して、それらをチームにとって意味のある「目的」に昇華させ、実現させていくことです。

「とらわれ」を疑い問い直すこととは、凝り固まった「認識」や「関係性」に疑いをかけ、批判的に問い直しながら新たな可能性を探っていくことです。

MANNERS 11

こだわりの芽を育て、チームの核となる指針を耕す

こだわりとは、辞書で意味を調べると「どうでもいい些細なことを、いつまでも気にかけるさま」と書かれており、ネガティブな意味合いで使われることもあります。

たしかにファクトリー型においては、一人ひとりがバラバラのこだわりを持つことは、仕事の効率を妨げる要因でしかなく、チームにとっては「取るに足らないもの」だったのでしょう。

しかしワークショップ型のチームにおいては、一人ひとりのこだわりは、たとえどんなものであっても「創造性の源泉」になります。

外部に正解の基準を求められないVUCAの時代において、ものづくりの指針は「自分たちの内側」に持たなくてはなりません。**自分たちが「良い」と思える仕事を成すためには、自分たちが「良さ」の基準を持ち、そこに執着しなければなりません。**それが他人にとって「些細なこと」であっても、それが「他の人と違うもの」を生み出す源泉になります。

ものづくりの観点だけではありません。一人ひとりが個性を大切にしながら成長していくことは、メンバーの人材育成やキャリア学習の観点からも重要だといえます。

個人のこだわりは、内なる衝動と共に姿を現します。頼まれてもいないのについやってしまうこと。時間がないのについ時間をかけてしまうもの。そのような場面に、こだわりの芽が生まれます。ワークショップ型の組織が、メンバー一人ひとりの思いつきや「作りたい！」「これを試してみたい！」という実験的な衝動を大切にするのは、これが理由です。

そして、そこから見えてきたお互いの「こだわりの違い」を、チームを豊かにする「個性」として認め合い、対話を通して深くわかりあおうとすることが必要です。

そうしていくなかで、共通の核となる「チームとしてのこだわり」が育っていき、チームにとって「意味のある目的」へとなっていく。このようにして、個人とチームのこだわりを育て続けることが大切です。

MANNERS 12

油断せず、チームに忍び寄る「とらわれ」を疑い続ける

同時に、**チームにおける「とらわれ」を疑い続ける**ことも必要です。

ひとたび「これが自分たちのこだわりだ！」と思えるものが発掘できたとしても、油断してはいけません。「こだわり」の確信は、「とらわれ」の始まりです。どんな流行語も数年後には

必ず「死語」と呼ばれてしまうように、これまで大切だと信じて疑わなかった企業理念や成功法則が、知らずのうちに、新しい発想を阻害する「とらわれ」に変貌しているかもしれない。これが「認識の固定化」の恐ろしさです。

自分たちのものの見方は、捨ててもかまわない「とらわれ」なのか？　あるいはこれからも守るべき「こだわり」なのか？　自問自答しながら探索し続ける姿勢が肝要です。

これは、チームメンバーに対するバイアスも同様です。この人はこういう性格で、こういう趣味嗜好を持っている人だ。そのような他者に対する「わかったつもり」は、知らず知らずのうちに関係性を固定化させる「とらわれ」になりかねません。

人間を構成する細胞は、1年も経たないうちにすべて新しいものに入れ替わると言われています。日々、人は成長しています。仲間が常に学び続けているであろうことを前提に置いて、メンバー同士の「とらわれ」も疑い続けなくてはいけません。

その過程で、相手の考えていることがわからない場面に遭遇しても、根気強く「対話」を重ねることで、お互いの前提をわかりあおうとすることが重要です。他者と完全にわかりあうことは無理でも、対話的な関係性を作ろうとする姿勢が、「とらわれ」を打破するのです。

自分たちが共通の基盤としている「組織の理念」や「チームの目的」もまた、月日が経つにつれて、「とらわれ」になっているかもしれません。過去には確かに衝動を感じていた理念や目的も、いつしか熱量が失われ、形骸化しているかもしれません。

ワークショップ型のスタイルに移行した組織は、数千〜数万人が所属するメガベンチャーや大企業であっても、現場レベルの実験を奨励しています。トップが旗を振るだけでなく、現場から生まれた新規事業の種が、未来の組織のアイデンティティを作る可能性があることを、信じているからです。それゆえに、仕事の目的を一度固定したら動かさないのではなく、常に組織の「とらわれ」を問い直し、アップデートし続けることを大切にします。

本書が解説している「問いかけ」の技術は、仕事のスタイルをファクトリー型からワークショップ型に切り替え、チームにおいて「こだわりを育む」ことと「とらわれを疑う」ことのそれぞれを実現しながら、4つの現代病を根治させていく処方箋になります。

本章の最後に、問いかけの効能がよくわかる事例を2つご紹介しましょう。

MANNERS 13

事例①
営業チームの個人主義を脱却させた問いかけ

ある食品メーカーA社の営業チームの事例をご紹介します。

A社の主力製品は、誰もが知るロングセラーの定番商品。居酒屋やレストランなどの飲食店を主な取引先として、卸売によって売上をあげていました。A社の強みは、商品力に加えて、営業の強さにありました。優秀な営業担当者たちが、それぞれの独自のやり方で販路を開拓し、販売数を伸ばしていたのです。しかし完全に「ファクトリー型」で、トップから下ろされた売上目標を分担し、個人目標を淡々と追いかけるのが、日常となっていました。

この状況に、A社の経営陣は危機感を感じ始めていました。変化の時代において、定番商品が売れ続けるとは限りません。実際に、技術開発と市場変化の速度が合わなくなってきていることを実感していました。顧客に直接対峙している営業担当者にこそ、商品を改善するアイデアを主体的に提案して欲しいと考えていたのです。そのために、普段から営業チームでのコミュニケーションの機会を増やし、現場から主体的にアイデアが提案される風土を醸成するように、トップからの要請がありました。

風土改革の相談を持ちかけられた私は、早速、営業担当者の話し合いのミーティングのファシリテーター※を担当することになりました。しかしながら、個人プレイが「とらわれ」として染み付いているチームですから、そう簡単に話し合いは盛り上がりません。想像以上にチームの関係性は固定化していました。

おそるおそる「みなさんが普段の商談において、大切にしていることはなんですか？」と問いかけても、「お客様との信頼関係です」「人間力かな」「ヒアリングです」などと、ありきたりな意見しか出てきません。これもまた「営業で大事なことは、こういうものだ」という「とらわれ」だと言えるでしょう。

そこで、私は少し工夫を凝らして「これまでの商談で、『意外に効果があった』工夫はなんですか？」と、問いかけてみました。

BEFORE みなさんが普段の商談において、大切にしていることはなんですか？

AFTER これまでの商談で、意外に効果があった工夫はなんですか？

照準を「普段大切にしていること」ではなく「これまで効果があった工夫」に変更し、抽象的な一般論ではなく具体的なエピソードが出てくるように、ねらいを定めました。そして「意外に」というほんのちょっとしたスパイスを加えることで、個性的な事例を答えたくなる衝動をくすぐってみたのです。

すると、どうでしょう。場の空気は一転して「そういえば、あのとき……」と、具体的なエピソードが、次々に飛び出したのです。さきほど「ヒアリングです」と覇気のない表情で答えていたあるメンバーは、「ヒアリングで、なかなか肝心の情報が聞き出せないときに、『営業担

※ファシリテーター：「ファシリテーション（facilitation）」とは、英語で「促進する」「容易にする」という意味。ミーティングの司会進行役として、目的達成のプロセスをコーディネートする役割のこと。

当者ではなく、友人として聞きたいんですけど……』と枕詞をつけると、教えてもらえることがあるんですよ！」などと、嬉々とした表情で、これまでの個人プレイによって見つけた「こだわり」を、誇らしげに披露してくれました。

その後も工夫された「問いかけ」を重ねたことによって、これまで心の内に秘めていた気づきやアイデアが場を飛び交い、無事に「初めての話し合いの場」は、大盛況のうちに終わりました。見学していたマネジメント層は「普段そんなことを考えて仕事をしていたのか！」と、一人ひとりが隠し持っていた「こだわり」に驚かされていました。

何より、参加した多くのメンバーが「こういうことを話す機会って、これまでなかったですね」「普段からもっと考えていることを共有する時間を作ろうか」と自ら発案してくれ、アイデア交換のミーティングを定期開催することが決まったのです。

工夫された「問いかけ」の力によって、一人ひとりの「こだわり」が発露し、お互いの個性に耳を傾け合う新たな関係性が編み直されたのです。

MANNERS 14

事例②
開発チームに事業の情熱を取り戻した問いかけ

ある自動車の周辺機器メーカーB社の開発チームの事例をご紹介します。

B社は「カーナビ（カーナビゲーション）」を主力製品として市場にポジションを確立していましたが、昨今に人工知能（AI）技術の発展と普及の影響について、不安を感じていました。

これまではファクトリー型で技術開発を繰り返していれば、競合他社に負けない製品を打ち出すことができていました。しかし、AIによって「自動運転社会」が到来すれば、ドライバーにとっては運転機会そのものが減っていくことが予想されます。もしかすると、「カーナビ」の市場そのものが消滅してしまうかもしれません。

これに対してトップから「人工知能（AI）を活用した未来のカーナビ」を考えよと指令が

下され、アイデアを考える企画ミーティングを繰り返していました。けれども、なかなかピンとくるアイデアが生まれず、私のもとへと相談があったのです。

相談に訪れたクライアントチームの皆さんは、私の目から見て、完全に「衝動の枯渇」に陥っていました。誰もが、「人工知能（ＡＩ）を活用した未来のカーナビ」を作ることに、モチベーションを感じていないように見えたのです。一人ひとりの衝動が失われたままでは、ワークショップ型に切り替えられず、現場主導のイノベーションにはつながりません。結果として、トップの命令に従って「カーナビを存命させる」という手段が「とらわれ」となっており、「認識の固定化」と「目的の形骸化」が併発しているようでした。

そこで私は、「みなさんは、なぜカーナビを作るのですか？」「これまで、何を動機に開発してきたのですか？」と、一人ひとりの衝動と、チームのこれまでのルーツや、大切にしている「こだわり」を確認するための問いかけを、投げかけてみたのです。仕事の意義そのものを否定しているようにも捉えられかねない問いかけですから、この問いを投げかけることは、勇気が要りました。

案の定、クライアントの担当者は、少しムッとした表情を見せ、「いやね、安斎さん。私たちもカーナビを作りたいから作っているわけではありませんよ」と、抗弁を始めました。

「仮に自動運転社会が来ても、自動車で『移動する時間』そのものはなくなりません。私たちは、カーナビが作りたいわけじゃない。生活者に『快適な移動の時間』を提供したいんです！」

その言葉はこれまでの言葉よりも力強く、これまで築きあげてきた「誇り」のようなものを感じました。内に眠っていた「衝動」と、自分たちが熱量を感じている「本当の目的」が、チームにとっての真の「こだわり」として、言葉になった瞬間です。言葉を発した担当者自身、そして同席していたチームメンバー一人ひとりの表情が、ガラリと変わるのを感じました。全員が気づいたのでしょう。「私たちが考えたかったのは、『ＡＩを活用したカーナビ』ではなく、『未来の移動の時間』だったのだ！」と。

「なぜカーナビを作るのですか？」という素朴な問いかけは、今一度、チームが事業に向き合うきっかけを生み出しました。このように、たったひとつの問いかけが、枯渇していた衝動に再び火を点け、形骸化した目的を意味のあるものへとアップデートする契機にもなりうるのです。

これによって「ＡＩを活用したカーナビを作らなければならない」という「とらわれ」も揺さぶられ、結果としてこのチームは、私が会議のファシリテートをするまでもなく「未来の移動の時間」について、活発なディスカッションを始めました。それまではどこか正解を探るような空気があったのが一変し、それぞれが衝動のままに実験的なアイデアを提案するワークショップ型のチームへと、問いかけによって変化していったのです。

チームのポテンシャルが抑制された状態とは、言い換えればチームの可能性に光が当たらなくなってしまっている状態です。問いかけとは、**チームの変化の可能性、そしてメンバーひとりひとりの隠れた魅力や才能に光を当て直す「スポットライト」のようなもの**なのです。

COLUMN

組織の創造性が発揮された理想状態

会社の規模が一定を超えると、複数のチームが連携しながら仕事を進めるようになり、組織のなかには「個人」「チーム」「組織」といった階層の異なる「主体」が立ち現れます。「個人のこだわり」と「チームのこだわり」があったように、「組織のこだわり」もまた存在します。それがいわゆる「理念」と呼ばれるものです。

会社を成長させようとすると、どうしても収益やビジネスモデルなど、目に見える事業課題に関心が向いてしまいます。しかしどんな組織も構成するのは「人」です。組織の創造性は、目には見えにくい「個人」の発想や、「チーム」の対話から生まれる価値の連鎖によって成り立っているのです。

私たちMIMIGURIは、組織全体のポテンシャルが発揮された状態を各層が有機的に接合した『大樹』として表現した「Creative Cultivation Model（通称CCM）」と呼ばれる理論モデルにまとめ、経営や企業支援の指針としています。

ＣＣＭの特徴は、事業を支える個人とチームの創造性を「土壌」にたとえているところです。

- 地中深くに根を張った個人が、内なる衝動を起点に「探究」を繰り返すことで専門性を磨き続けている
- チームに集った多様な個性が、「対話」を通して視点を交錯させ、新たな価値の創発を生み出し続けている
- そして組織は企業理念に基づき「事業」を推進し、社会的価値を創出し続ける

組織とは、複雑な生命システムです。各層がこのように連動して、全体のポテンシャルをつなぎ合わせようとすること。これが組織のポテンシャルが発揮され続けるための理想状態なのです。

組織全体のポテンシャルが発揮された状態を表現した Creative Cultivation Model（CCM）

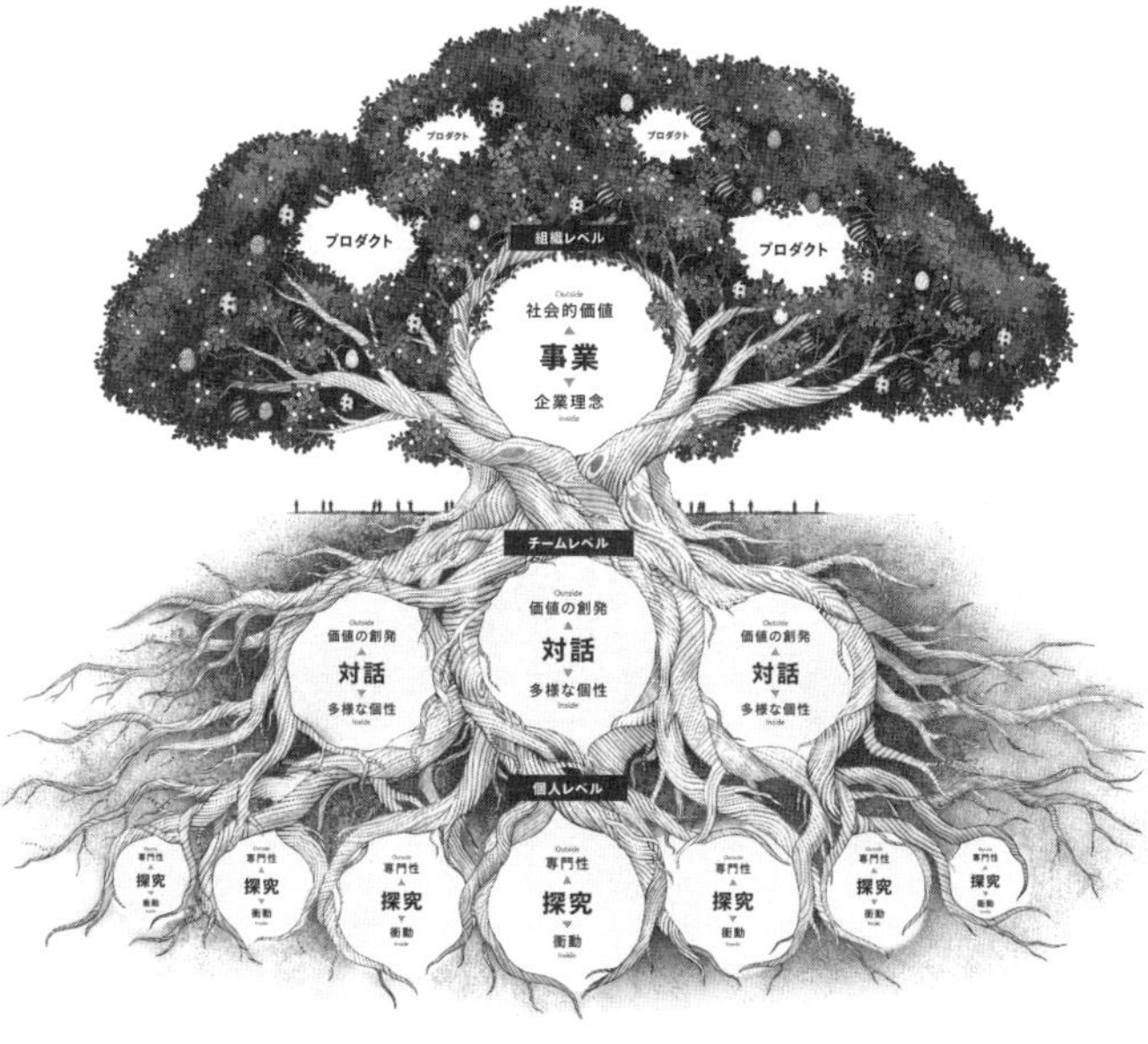

©MIMIGURI

第2章

問いかけの
メカニズムとルール

第２章では、チームの現代病を解決し、眠っていたポテンシャルを発揮する処方箋となる「問いかけ」について、基本的なメカニズムを理解します。

問いかけとは、チームのポテンシャルを照らす「スポットライト」のようなものです。その光の当て方ひとつで、相手の反応の仕方は大きく変わります。

問いかけの基本的な性質を理解すると、チームメンバーの意見を引き出しやすくするためのいくつかのルールが見えてきます。

実際にあなたのチームのミーティングで実践する場面を想像しながら、問いかけの基本をおさえていきましょう。

2-1

問いかけのメカニズム

MANNERS 01

問いかけとは何か

そもそも「問いかけ」とは、なんでしょうか？　本書における問いかけとは、仕事のさまざまなコミュニケーション場面において、**「相手に質問を投げかけ、反応を促進すること」**です。

相手とは、一人の場合もあれば複数名の場合もあるでしょう。これまでは仕事はオフラインでひとつの場所に集まって進めることが一般的でしたが、Ｗｅｂ会議システムを活用したテレワークも主流になってきていますから、オンラインにおける同期型のコミュニケーションも、ここに含めておきましょう。

アンケート、インタビュー、学校の試験、クイズ番組などを思い浮かべればわかる通り、「質問」は、投げかけられた相手に何かしらの**「反応」**を促します。選択肢を選ぶ、意見を述べる、解答を記入する、首を傾げる、わからず降参する、など。**あなたが質問することで、相手は何**

かしらの反応を返してくれる。問いかけとは、たったこれだけのシンプルなコミュニケーションです。

なぜこの「問いかけ」に工夫を凝らすことが、チームのポテンシャルを活かす結果につながるのでしょうか。それは、あなたの「質問」に対して、相手から返される「反応」のメカニズムに秘密があります。

少し身近な質問を例に考えてみましょう。たとえば、「昨晩、何を食べましたか？」という質問を思い浮かべてみてください。

あなたはおそらく昨晩の記憶を振り返って、実際に食べたメニューを想起するでしょう。忙しかったり、ダイエット中だったりして食事をとらなかったのであれば、「何も食べなかったな」と考えるはずです。

この質問は、あなたに**「記憶を思い出す」**という反応

質問は、相手の反応を引き起こす

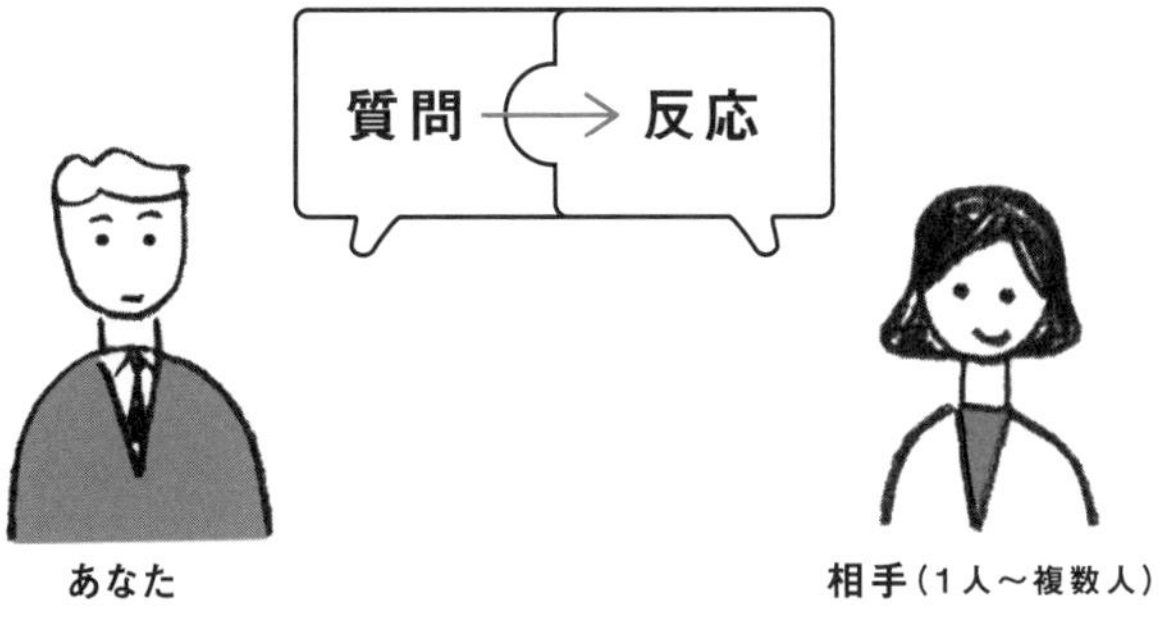

を起こすことに成功しました。

もしこれが、「1年前の今夜、何を食べていましたか?」という質問だったらどうでしょうか。よほど記憶力に自信があったり、たまたま何かの記念日だったりしなければ、正確な記憶を思い出すことはできないでしょう。困ったあなたは、手帳やスマートフォンの記録を調べることで、手がかりを探すかもしれません。

先ほどと同じような質問でも、「1年前」という条件が加わることで、引き起こされる反応は**「記録を調べる」**ことに変わりました。ただし、手がかりが見つからなければ、反応は**「お手上げ」**となるでしょう。

「この近くに、評判の良い和食の店はありますか?」という質問は、どうでしょうか。もし心当たりがあれば、あなたの反応は、その**「知識を披露する」**ことになるでしょう。もし特に心当たりがなければ、その場でスマートフォンを取り出して、**「情報を検索する」**かもしれません。

MANNERS 02

問いかけを変えると、相手の反応も変わる

このように、**投げかける「質問」の仕方によって、相手の「反応」は、まったく別のものになります。**このメカニズムは、「問いかけ」の奥深さについて理解するうえで、とても重要です。もう少し別の例も交えて、その原理を探っていきましょう。

たとえば「これまでの人生で、最も『豊か』に感じられた食事はなんですか？」と質問されたら、いかがでしょうか。ずいぶん壮大な質問ですから、すぐには答えられないかもしれませんが、せっかくの機会ですので、考えてみてください。

これまでの質問のように、単に「記憶」「記録」「知識」「情報」を手がかりにするだけでは、答えられそうにありません。そもそも、自分にとって、「豊かな食事」とは、どんなものだろうか。自分の価値観について深く内省しなければ、納得のいく結論は出せないでしょう。

もしかすると、すっかり悩みこんでしまったかもしれません。そんなあなたに、「助け舟」となる追加の質問を投げかけましょう。

「無理に一番を決めなくてもかまいません。いま頭に浮かんでいる、これまで『豊か』に感じられた食事の思い出を、いくつか教えてもらえませんか？」

このように聞かれたら、あなたは少し気が楽になって、ちょうど頭に浮かんでいた2つか3つの候補について、語ることができるかもしれません。この時点ではまだ納得のいく結論には辿り着けていないかもしれません。それでも、あなたから語られるいくつかの思い出は、あなたのこだわりが詰まったエピソードになっているはずです。こうして、この質問はあなたが**「価値観を内省する」**機会をつくりだすことができました。

このように、同じ「食事」に関連する問いかけひとつとっても、質問の仕方を変えることで、相手の「記憶」を喚起したり、「知識」を引き出したり、「価値観」を表出させたりなど、さまざまな反応を引き起こすことができる。これが、問いかけの基本的なメカニズムです。

「質問」によって「反応」は変わる

MANNERS 03

問いかけは、未知数を照らす「ライト」である

なぜ質問によって相手の多様な反応を引き起こせるのでしょうか。それは、前章でも述べた通り、問いかけに「スポットライト」のような機能があるからです。問いかけが放つライトの光は、チームにおける「未知数」を照らします。

「未知数」とは、数学の方程式において、「X」や「Y」などで表される、まだ数値がわかっていない数のことです。たとえば、「2X＋3＝7」と提示されたら、中学1年で教わる一次方程式を勉強した人であれば「X＝2」であることを明らかにできるでしょう。

しかしチームで進める日々の仕事においては、未知数は当然1つではありません。いま向き合うべき課題はなにか。最適な手段は何か。会社のトップはいま何を考えているのか。あのメンバーはなぜあんなに熱心にアイデアを語っているのか。それを見ているあのメンバーは、何

未知数へのライトの当て方によって反応は変わる

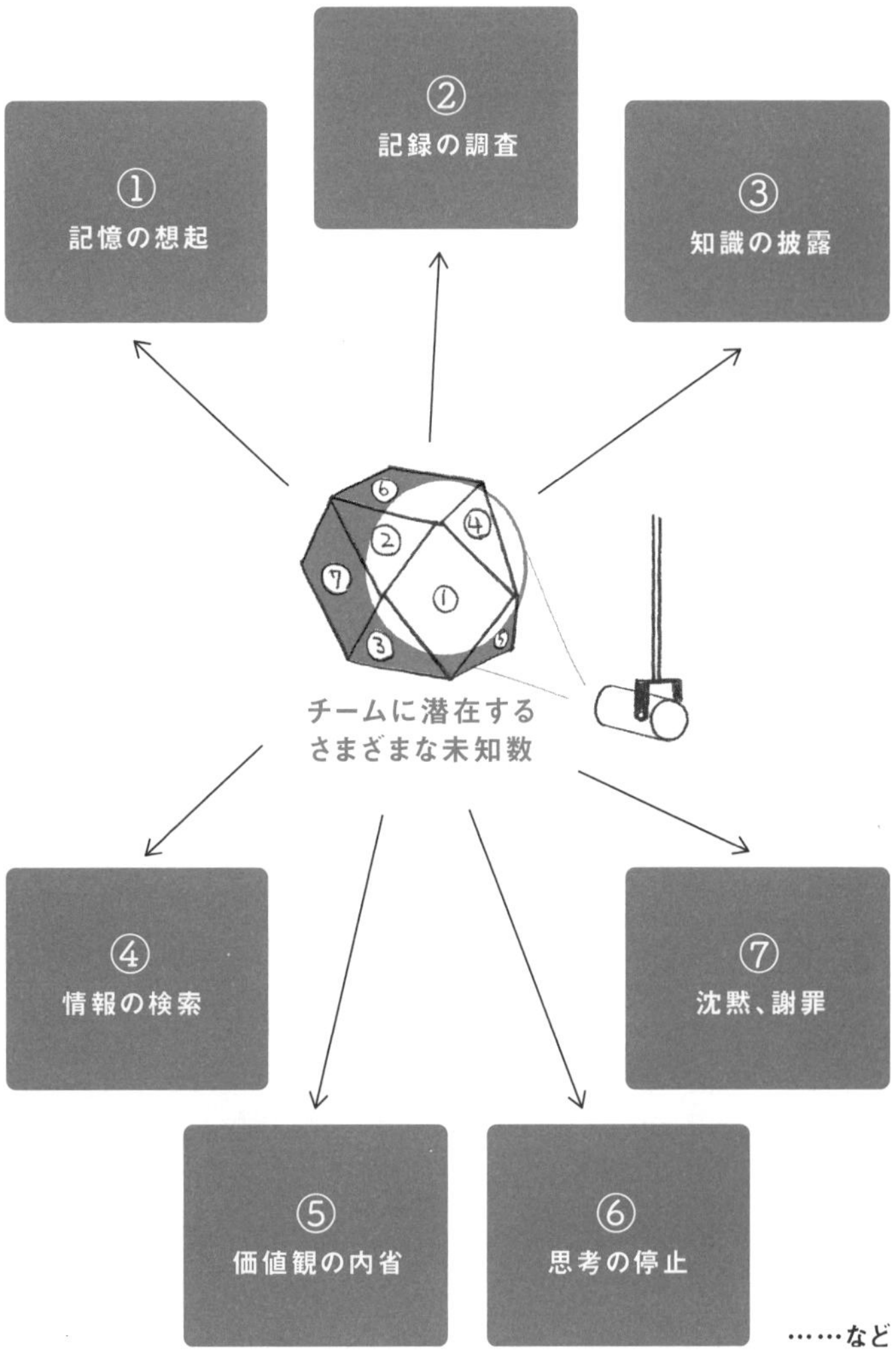

を思って黙っているのか。最近は忙しいのか、余裕があるのか。何にこだわって働いているのか。何が得意で、何が苦手なのか。そもそもなぜこの仕事に就いたのか。今後、どうなっていきたいのか。挙げればキリがないほど、チームには「まだ明らかになっていないこと」が無数にあります。

忙しい日々のなかで、私たちは周囲の一人ひとりの未知数を、いちいち気にかけようとはしません。しかし、質問の工夫によって、ひとたび未知数にスポットライトを当てると、あなたと相手のあいだで関心が共有されて、「未知数を明らかにしよう」というエネルギーが生まれます。

ライトの当て方次第で、そのエネルギーは「記憶を想起すること」に活用されるかもしれないし、「価値観を内省すること」に活用されるかもしれません。うまくいけば、相手の衝動をくすぐり、固定観念に揺さぶりをかけ、深い対話的なコミュニケーションを促進できるかもしれません。

チームのポテンシャルを引き出す望ましい「反応」をねらって、どの未知数に、どのようにライトを当てるとよいか、「質問」を工夫すること。これが、問いかけの本質なのです。

MANNERS 04

問いかけは、相手の感情を刺激する

もうひとつ、問いかけが持っている重要な特徴として、覚えておかなければならないものがあります。それは、**投げかけられた質問は、相手の何かしらの反応を引き起こす過程でさまざまな「感情」を刺激する**、ということです。

もしあなたが、食べることがもともと好きで、食に対して一定のこだわりを持っていたのであれば、前述した**「これまでの人生で、最も『豊か』に感じられた食事はなんですか？」**という質問を考える時間は、前向きで、楽しい時間であったはずです。むしろ、こだわりが強いあまりに「一番が決められない」と、悩みこんでしまったのかもしれません。

他方で、もしさほど食に関心がなかったのであれば、「『豊か』な食事と言われてもなぁ」と、モチベーションがあがらなかったかもしれません。最初に頭に浮かんだ食事のエピソードを適当に話して、質問をやりすごしたくなったかもしれません。

逆に、もし質問が**「これまで最悪だった食事、ワースト30はなんですか？」**だったとすれば、あなたの食への関心の強さに関わらず、「なぜそんなことをわざわざ考えなくてはならないのか」と、文字通り「最悪な気持ち」になっていたかもしれません。

このように、**投げかける「質問」は、相手の気持ちを前向きにも後ろ向きにもさせます。**

終わったプロジェクトをチームメンバーで振り返るときにも、「特によくできた、こだわりのポイントはなんですか？」とポジティブな面を未知数として問いかけるのと、「なぜこんなやり方でやってしまったのですか？　反省点はなんですか？」とネガティブな面を未知数として問いかけるのとでは、相手の「反応」はまったく別のものになるはずです。

チームのポテンシャルを活かす「良い問いかけ」とは、この反応のメカニズムを使って、メンバーの「こだわり」をうまく引き出していくことに他なりません。

うまくいかなかったことを反省する機会はもちろん必要ですが、相手が前向きな気持ちになれる質問を、意識的に投げかけたいものです。

2-2

意見を引き出す問いかけの基本定石

MANNERS 05

良い問いかけとは、味方を活かす「パス」である

サッカーやバスケットボール等のチームスポーツにたとえるならば、「良い問いかけ」とは、味方を活かす「良いパス」のようなものだといえます。

あなたがたとえどんなに優秀なプレイヤーであっても、一人でボールを占有し、個人技を繰り返すだけでは、チームとしての成長や勝利にはつながらないでしょう。

問いかけとは、「質問」を通して、相手に「ボール」を渡す行為です。ボールを受け取った相手は、そこで初めて自分の頭を使って、自分らしいプレイを試行錯誤することができるようになります。良いチームには、必ずパスの技術に優れた「司令塔」もしくは「縁の下の力持ち」のような存在がいて、味方の才能を引き出しているのです。

一口に「良いパス」といってもさまざまですが、忘れてはいけないパスの基本要件は、相手がきちんとパスを受け取れること。そして次にプレイにつなげられることです。すなわち、相手から「自分の意見」が返ってくることです。

何を当たり前のことを言っているのか、と思われるかもしれません。しかしこれが意外と難しいのです。「はじめに」で示した「お通夜ミーティング」のように、ファクトリー型の呪縛にとらわれたチームの多くは、気軽に意見を述べることすら困難になっています。日々の問いかけを「取りやすいパス」にすることで、相手の意見を引き出せるようにするだけでも、チームのパフォーマンスはだいぶ改善されます。

MANNERS 06

日々の問いかけの蓄積が、チームの状態をつくる

第1章でも紹介した家電メーカーX社の事例を題材に、「良いパス」と「悪いパス」の違いについて、考えてみましょう。マネージャーのA氏とエンジニアのB氏がお互いを「頭が堅い」と決めつけあっていた、あのチームです。

マネージャーのA氏から私に持ちかけられた相談は、「うちのエンジニアは頭が堅くて、アイデア発想力が低くて困っている」というお悩みでした。

背景を詳しくうかがってみると、毎週のように企画ミーティングを開催し、A氏から「何か良いアイデアはないでしょうか?」と投げかけても、意見を述べる人はほとんどいない。主体的な提案を期待してこれまで辛抱してきたが、痺れを切らした様子です。そこで「発想力を高めるための研修」を実施したい、というのが、A氏の相談の概要でした。

A氏の置かれた立場を想像すると、愚痴を言いたくなる気持ちはわかります。上層部からは「現場発のイノベーションを起こせ」と命令され、しかし待っていても、下からアイデアが出てこない。間に立たされた管理職として、途方に暮れていたのでしょう。しかしこのチームに本当に必要なのはアイデア発想の「ノウハウ」を教える「研修」なのでしょうか？

第1章でも述べた通り、このとき部下の側には、また別の景色が広がっています。

実際にエンジニアの意見に耳を傾けると、その反応に驚かされました。部下であるB氏曰く「頭の中に、アイデアがないわけではないんです。けれど、自分が試したい技術やアイデアについて話しても、聞き入れてもらえないんですよね」というのです。

上司Aと部下Bの心の声

なにか
いいアイデアは
ありますか
……
どうせ
話しても
聞き入れて
もらえないし

これはファクトリー型が引き起こした「関係性の固定化」「衝動の枯渇」の典型的な事例です。

この状況を打破する手っ取り早い方法は、日々の何気ない問いかけに、ちょっとした工夫を凝らすことです。

「何気ない」と書いた理由は、**私たちは自覚している以上に、無意識に問いかけを多用しているる**からです。しかし多くの場合、頭に浮かんだ素朴な「質問」をそのまま発言するだけで、「ライトの当て方を工夫して、良い反応を引き出そう」とか「どんなパスを出せば、相手が輝くだろうか」とは、あまり考えないのではないでしょうか。結果的に、ファクトリー型の時代に染み付いた価値観に基づいて「問いかけ」を発してしまい、チームのポテンシャルがじわじわと抑制される原因となります。

前述した家電メーカーX社のマネージャーA氏と部下のエンジニアB氏のチームをとりまく問題も、実は普段の無意識の問いかけの蓄積によって、チームの関係性の悪化を招いていたことが、ヒアリングの結果からわかってきました。

MANNERS 07

メンバーの口を閉ざす、無自覚な問いかけ

第一に、毎回の企画ミーティングでA氏が投げかけ続けていた「何か良いアイデアはないでしょうか？」という問いかけが、うまく機能していなかったことがわかりました。

A氏は、「遠慮せずに、自由にアイデアを出してほしい」という願いから、このような問いかけを行っていました。

しかし部下のB氏からすると、この問いかけは、自分を萎縮させ、プレッシャーを与えられるものでしかありませんでした。なぜならば、アイデアはいくつか頭の中に浮かんでいたけれども、それが「良いアイデアである」という自信は持てなかったからです。

もし気軽に提案してみても、「良いアイデアじゃないじゃないか」と一蹴されてしまっては、自分の評価が下がるかもしれません。そう考えると、B氏は不安で発言ができませんでした。

「何か良いアイデアはないでしょうか？」という問いかけの悪影響によって、B氏に「とらわれ」が形成され、衝動に蓋がされていたのです。

第二に、B氏がネガティブに物事を捉える要因となったきっかけとなる出来事が、過去に起きていたことがわかりました。B氏は、A氏との1on1の最中に、自分が試してみたい、新しい技術を活用したアイデアについて、提案したことがあったそうです。ところが、自分の考えについてまだ1割も話していないうちから、A氏に遮られてしまったそうです。

A氏「おいおい、こないだの話を聞いていたのか？　いまは技術じゃなくてユーザー中心の時代なんだ。ユーザーのニーズをもっと考えろと言っただろう？」

B氏「……すみません」

これ以来、B氏の頭の中には「自分は技術が好きでこの会社に入ったけれど、技術について考えてはいけないのだ」「上司にとって『良いアイデア』でなければ、聞き入れてもらえないのだ」と、考えるようになりました。A氏の問いかけによって、B氏に発想を抑制する「とらわれ」を生み出し、「認識の固定化」を併発させてしまっていました。

今回のケースは、B氏の1on1でのアイデアの伝え方も、あまりよくなかったのでしょう。必ずしも、どちらが悪いとは言えません。しかし、こうした「ちょっとしたすれ違い」の連鎖によって、チームの問題が引き起こされていることは事実です。

チームのコミュニケーションの質を高め、一人では実現できない成果を生み出せるワークショップ型のチームを作るためには、相手の口を閉ざすだけの「取りにくいパス」を少しでも減らして、相手の意見を引き出す「取りやすいパス」を増やしていくことが、一番の近道なのです。

MANNERS 08

意見を引き出す問いかけの4つの基本定石

相手の意見を引き出す「問いかけ」の基本的な定石として、以下の4つのルールを覚えておきましょう。

問いかけの基本定石

1 相手の個性を引き出し、こだわりを尊重する
2 適度に制約をかけ、考えるきっかけを作る
3 遊び心をくすぐり、答えたくなる仕掛けを施す
4 凝り固まった発想をほぐし、意外な発見を生み出す

将棋や囲碁と同様に、定石が当てはまらない例外的な局面もあるでしょう。

けれども、まずはこの4つの定石を理解し、ひとつでも無自覚な「悪い問いかけ」を減らし、ひとつでも「良い問いかけ」を増やす努力をするだけでも、あなたのチームはワークショップ型のスタイルに少しずつ移行し、ポテンシャルが発揮され始めるはずです。

また、前述したA氏とB氏のチームの状況も、具体的にどこに問題があったのか。どのようにすれば解決できたのか、高い解像度で理解することができるでしょう。

以下から、それぞれの定石に基づく「悪い問いかけ」と「良い問いかけ」の特徴を挙げながら、ひとつずつみていきましょう。

MANNERS 09

問いかけの基本定石①

相手の個性を引き出し、こだわりを尊重する

チームのポテンシャルを発揮するためには、メンバーのこだわりが発揮され、それぞれの違いが尊重されていることが大切です。本書のコンセプトに共感してくださったあなたにとって、この第一の定石は、至極当たり前のことのように思えるでしょう。

しかしファクトリー型の価値観に縛られ、ポテンシャルが抑制されたチームの多くは、このひとつめの基本定石を破ってしまっているケースが多いのです。

前述した通り、問いかけとは「ライト」のようなものです。チームの中で捉えどころなく揺らめいている問題や、メンバーの頭の中に散漫に浮遊する思考に、ある角度から光を当てることで、未知数を明らかにしていこうとする行為です。

ところが、頭ではわかっていても、相手の「こだわり」にきちんと光が当たるようにするには、常日頃からライトの照射角度を調整しなければなりません。

やっかいなことに、人は無自覚のうちにこの原則に反して「相手の至らなさ」にライトを当ててしまいます。このような問いかけは、相手の「個性」や「こだわり」を引き出すどころか、相手の無能さを露呈させる「謝罪」に誘導するばかりです。

BAD! **悪い問いかけは、相手の無能さを露呈させ、謝罪を要求する**

(例)「なんでこんなことしたんですか？　前に言いましたよね？」

GOOD! **良い問いかけは、相手の個性を引き出し、こだわりを尊重する**

(例)「この企画で、特に大事にしたかったことは何ですか？」

◎チームに何も生み出さない、無能さを露呈させる問いかけ

無能さを露呈させる問いかけとは、相手の無知や未熟さを、わざわざ本人に認めさせたり、周囲に知らしめたりすることを目的とした問いかけです。

たとえば、入社したばかりで、ビジネスメールを書き慣れない新人に対して、「君さ、敬語の使い方、知っている?」と、周りにも聞こえる大きな声で、問いかけた人がいたとします。このときに、おそらく「はい、知っています」という回答は、期待されていないでしょう。

この手の問いかけは、誰かがミスや失敗をしたとき、もしくは自分が想定していた望ましい行動から逸脱したとたん、それを罪として咎める場面において起こりがちです。

このパターンは、概して「誰がやったんだ?」「責任者は誰だ?」「なぜこうなったんだ?」といった「犯人探し」の問いかけから始まります。やがて容疑者が特定されたら、今度は「なぜこんなことをしたんだ?」「研修で習わなかったのか?」「マニュアルに書いてあっただろう?」と、集められる限りのすべての光源が「相手の至らなさ」に照射され、問いかけの圧力

によって、相手は「失態」を認めざるを得なくなっていきます。

これらのコミュニケーションは、最終的に相手の「謝罪」が引き出されぬ限り、終わりません。ひどいケースは、相手が既に「すみませんでした」と謝罪しているにもかかわらず、「本当にわかっているのか？」「わかっていたら、こんなことやらないだろう」などと詰め寄り、論理的に弁明しようがない理屈を掲げて、さらなる謝罪を請求する場合です。

これはもはや、問いかけの目標が「自分の苛立ちを沈めるため」「失敗によって受けたストレスを発散させるため」にすり替わってしまっているため、このようなコミュニケーションが続くと、周囲のメンバーは「なるべくミスをしないようにしよう」「ミスをしたら、上司・先輩の機嫌を取らなければ」と考えるようになり、それが「とらわれ」となって、チームの関係性は悪化する一方です。

◎相手に好奇心を持ち、こだわりの理由を掘り下げる

前述した家電メーカーX社のA氏とB氏の問題に戻って考えてみましょう。このチームにお

いて「悪いのは誰なのか」という犯人探しの議論は一旦置いておきながら、チームにおいて影響力が強く、悩みの相談主でもある上司A氏の「問いかけ」のパフォーマンスの改善による問題解決の可能性を探ってみます。

第一の基本定石に照らし合わせると、A氏はB氏の「至らなさ」にスポットライトを当てすぎないように、注意しなくてはなりません。具体的には、1on1においてB氏から構想中のアイデアが語られた際に、話を最後までに聞かずに「おいおい、こないだの話を聞いていたのか?」と反応してしまったことは、改善の余地があります。

A氏の頭の中には「企画を考える際には、ユーザーニーズを検討すべき」という「望ましい行動」があったため、嬉々として「新しい技術を活用したアイデア」について語るB氏の行動は、その枠から逸脱する行動に見受けられました。それゆえ、反射的にB氏の「無能さの追求」を始めたくなってしまったわけです。これは、ファクトリー型の時代に染み付いた「逸脱を抑止する」考え方にも基づいています。結果、B氏から返された反応は、要求通りの「すみません」という、何も生み出さない「謝罪」のみでした。

第一の基本定石に従うならば、A氏は、徹底して、B氏の個性にスポットライトを当てなくてはなりません。たとえ「思っていたのとちょっと違うな」「指示していたこととズレているな」と感じた場合でも、まずは最後まで、B氏の「内なる衝動」を尊重して、話を聴くべきです。

もちろん、上司としてフィードバックすべき点があるのであれば、話を聴き終えたあとで具体的に改善点を指摘し、指導する必要があります。

今回の件であれば「アイデアの提案、ありがとうございます。あなたが着目した技術の可能性について、とてもよくわかりました。うまく育てれば、よいアイデアになりそうです。ところで、先日伝えたユーザーニーズの観点が抜けていたけれど、検討はこれからですか？」といった具合に、相手の意見を受け止めたうえで、建設的にフィードバックを返すとよいでしょう。

大事なことは、頭ごなしのフィードバックで終わらせずに、「問いかけ」の工夫によって、B氏の「こだわり」を引き出そうとすることです。B氏は、着目している新しい技術に、なんらかのこだわりがありそうです。そこでたとえば「この技術のどんなところが面白いと思ったのですか？」「このアイデアで、特に大事にしたいこだわりはどこですか？」などと問いかけて、B氏の個性にスポットライトを当てて、こだわりを尊重するのです。

こだわりを掘り下げる問いかけは、相手に対する好奇心から生まれます。そもそもB氏に関心を抱いていなければ、B氏がなぜ指示から逸脱して「新しい技術を活用したい」と提案してきたのか、その理由はわからないでしょう。見えない前提に「なぜだろう?」と素朴な関心を持つことで、相手の個性を引き出す「対話」のきっかけが生まれるのです。

BAD! 悪い問いかけは、相手への無関心から生まれる

(例)「へぇ、そうなんですね。他には何かありますか?」

GOOD! 良い問いかけは、相手への好奇心から生まれる

(例)「へぇ、**どうして**そう思ったんですか?」

「**いつ頃から**そういう考えを持ったんですか?」

問いかけの基本定石①

相手の個性を引き出し、こだわりを尊重する

MANNERS 10

問いかけの基本定石②

適度に制約をかけ、考えるきっかけを作る

第一の基本定石に基づいて、A氏は部下たちの「こだわり」にスポットライトを当てるようになったことで、チームの関係性は良好になってきました。続いて、企画ミーティングの冒頭の問いかけに工夫を凝らすとよいでしょう。

現状の「何か良いアイデアはないでしょうか？」という問いかけは、関係性の改善によって、以前ほど重圧ではなくなりました。それでも、あまりにも問いかけが漠然としていて考える糸口がないため、発想が深まりません。人間の思考には、自由度が高すぎると、かえって自由に発想できなくなる特性があります。特に自分の発言の良し悪しが少しでも評価される場面においては、自由はかえって不安の源泉になるのです。

相手の思考を動かすためには、**問いかけに適度な「制約」を設けて、考えるきっかけを作ってあげる**ことが重要です。

BAD! **悪い問いかけは、無闇に自由度が高く、とっかかりがない**

（例）「何かアイデアはありますか？　なんでもよいので、遠慮なく提案してください」

GOOD! **良い問いかけは、適度に制約をかけ、考えるきっかけを作る**

（例）「どんなユーザーをターゲットにしたいか、思い浮かぶ特徴はありますか？」
（例）「**これまでボツになった企画の中で『もったいない』と感じるものはありましたか？**」

このように、足場としてのとっかかりを用意したり、思考の範囲をあえて限定したりすることで、頭を使いやすくなり、意見も出やすくなるはずです。

誤解のないように補足すると、**制約の弱い「素朴な問い」を投げかけるのが、絶対にダメなわけではありません。**私自身も、企画会議のミーティングなどで「いかがでしょう？　何か意見はありませんか？」「今浮かんでいるアイデア、ありませんか？」といった、一見すると「悪い問いかけ」に該当する質問をすることもあります。

これは場の様子を探る、問いかけです。自由度の高い、広く網をかけるような問いかけを放ってみて、相手の反応を観察するテクニックです。もし既に相手の頭の中に話したくてたまらないアイデアがある場合には、このような雑な問いかけの方が、早く展開する場合もあります。しかし基本定石としては、問いかけには適度な制約が必要だと覚えておきましょう。

問いかけの基本定石②
適度に制約をかけ、考えるきっかけを作る

MANNERS 11

問いかけの基本定石③

遊び心をくすぐり、答えたくなる仕掛けを施す

前述した家電メーカーの事例では、B氏は「何か良いアイデアはないか?」という問いかけに対して、意見が出せなくなるほど重いプレッシャーを感じていました。普段の関係性に起因して、提示された「良いアイデア」というハードルを乗り越える自信を喪失していたからです。

チームのポテンシャルを阻害する悪い問いかけは、問いかけられた相手に無闇にプレッシャーを与え、相手の口を閉ざしてしまいます。そうではなく、まずは相手に自分らしい考えを巡らせてもらい、浮かんできた意見を積極的に発言してもらうことが不可欠です。発言しにくい空気のままでは、お互いの個性やこだわりは見つけられません。

相手の思考を刺激するための有効な仕掛けは、**問いかけに「遊び心」を含ませる**ことです。

ところで、「遊び心」とは、いったいなんでしょうか。

小さい頃に「かくれんぼ」をしているときに、「ここに隠れたら見つからないけど、それじゃあ面白くないから、別のところにしよう」と考えたことはないでしょうか？　あるいはなかなか見つけてもらえずに、わざと物音を立てて、鬼を挑発したことはないでしょうか？

かくれんぼのルールを考えれば、これらの行動は極めて非合理的です。それなのに、「つまらないから」「面白そうだから」「飽きてしまうから」といった理由で、新しい実験をしたり、余白を作ったりする。これが「遊び心」と呼ばれる態度です。

ビジネスの現場は、目標と成果指標がはっきりしていて、自然と無駄を排除する合理主義的な世界に支配されがちです。特にファクトリー型においては、設計図を効率的に完成させることが第一ですから、「不要不急の遊び心」など、必要ありません。

しかし人間はロボットではありませんから、頭では「必要だ」とわかっていても、「つまらない」と感じていることには、どうしても心の底からエネルギーは湧いてきません。たまには遊び心で問いかけに味付けをしてみることで、「答えたくなる」仕掛けを施すと、コミュニケーションの質が変わり、暗黙の「とらわれ」が揺さぶられるきっかけになるかもしれません。

A氏の投げかけも、いきなりストレートに「何か良いアイデアはないですか？」と要求せずに、「良いアイデアを出すのは難しいから、まずは悪いアイデアから考えてみましょう（笑）」などと前置きしながら、「良い『ボツネタ』はありますか？」などと問いかけていたら、ミーティングの空気は変わったかもしれません。

BAD! **悪い問いかけは、重いプレッシャーを与え、相手の口を閉ざす**

（例）「社長が発表した来期の戦略について、何か質問はありますか？」
（例）「良いアイデアはないですか？」

GOOD! **良い問いかけは、遊び心をくすぐり、相手の思考を躍らせる**

（例）「もし社長にバレないように戦略をひとつだけ追加するとしたら、何を入れちゃいます？」
（例）「まずは悪いアイデアから考えましょう。**良いボツネタはありませんか？**」

この基本定石は、特に上下関係などの権威、社内規定や評価制度など、**オフィシャルなものによる重圧がかかっている場面において有効に機能します。**そのような場面では、「怖いから、何も言わないでおこう」と萎縮しがちです。こうしたときこそ、問いかけに遊び心を加えることで、心理的な警戒を解除し、気軽に意見を言えるように工夫することが重要です。

チームメンバーにプレッシャーがかかること自体は、もちろん悪いものではありません。自分の役割や業務に「責任を持つ」ことは必要不可欠で、それは時に重いプレッシャーになり得ます。そうしたハードルを乗り越えて、人は成長していくものです。ただし「お通夜」のような状況では、責任を渡そうにも、チームは機能しません。まずはミーティングで意見が飛び交い「こだわり」が発露するようになってから、個性に合わせて責任を渡していくようにすると、チームのマネジメントが機能するでしょう。

問いかけの基本定石③
遊び心をくすぐり、答えたくなる仕掛けを施す

MANNERS 12

問いかけの基本定石④

凝り固まった発想をほぐし、意外な発見を生み出す

メンバーの「こだわり」を見つけるためには、普段は見えない意外な一面や個性的な発想が出てくる状態が理想的です。

そのためには、相手が普段どのような思考パターンや価値観をよりどころにしているか。**無意識に繰り返している「言葉」に着目して、それに揺さぶりをかける**とよいでしょう。

たとえば、前述した家電メーカーX社のミーティングに耳を澄ませてみると、ユーザーに対する意識が高まっているせいか、「利便性」という言葉が何度も飛び交っています。

「この新しい技術で、ユーザーにとっての利便性を高められないか」

「現行のプロダクトは、この点にまだ不便さが残っている」

チームのなかで頻繁に活用される使い勝手の良い言葉は、コミュニケーションを円滑にする「共通言語」として役立つ反面、「マジックワード」になっていないか、注意が必要です。

マジックワードとは「魔法の言葉」という意味で、どんな場面にでも当てはまることから、その意味について前提をすり合わせることなく、都合よく使われがちな言葉です。マジックワードが横行すると、チームの発想を阻害する「とらわれ」にもなりかねません。流行りのビジネス用語がチームで横行するようになったときには、注意するようにしましょう。

この家電メーカーX社のチームの凝り固まった発想をほぐすために、共通言語である「利便性」という言葉に、「とらわれ」の疑いをかけ、問いかけに工夫を凝らしてみることにします。

まずは、「なぜ利便性が高いほうが良いのだろうか？」「ユーザーにとって不便さは本当に悪なのか？」「そもそも利便性とは何か？」といった具合に、チームが足場としている共通の前提に、疑いをかけてみます。これらの疑いをミーティングでいきなり投げかける前に、まずは自問自答してみるとよいでしょう。すると、「3年前から気に入って履いているあの靴はちょっと歩きにくいけれど、買い替えたくないな」「スマホがない生活は想像がつかないけれど、以前は特に『不便だ』とは感じていなかったな」などと、「利便性が高いものを作ろう」という前提が揺るがされるような、素朴な気づきがあるかもしれません。この気づきを手がかりにして、チームの普段とは異なる発想を刺激するような、問いかけを考えてみるのです。

BAD! **悪い問いかけは、いつも通りの言葉遣いで、いつも通りの発想を促す**

(例)「このプロダクトの**利便性**をもっと高めるにはどうすればいいでしょうか?」

GOOD! **良い問いかけは、いつもとは違う言葉遣いで、意外な発想を促す**

(例)「不便だけど、つい使いたくなるプロダクトとはどんなものでしょうか?」

(例)「**今は『不便だ』と感じていないけれど、ユーザーが本当は手間をかけなくてもよい習**慣はないでしょうか?」

このように、あえていつもとは違う言葉遣いに変えてみたり、考え方の切り口そのものをひねったりすることで、「とらわれ」を揺さぶり、意外な発想を促進し、チームにとって新しい可能性を探索するワークショップ型のスタイルを強めることができます。

◎予定調和を脱却し、思いも寄らない展開を楽しむ

チームの中で形成された共通言語に疑いをかけずに、いつもと同じ言葉遣いで、いつもと同じように問いかけ、いつも通りの発想を促すだけのミーティングを継続していると、次第にミーティングが予定調和的になり、展開が予測できるようになってきます。

「きっと、あの人はこういう意見を出して、あの人はこういう疑問を浮かべるだろう」
「こんな結論に着地するはずだ」

先行きが予測できるミーティングは、進行する側にとっては安心でもあります。うまくいくかどうかハラハラするよりも、落とし所がみえているほうが、リスクがないからです。

しかし、問いかける側がシナリオを想定するようになったミーティングからは、本当の意味で、チームにとって驚くべき成果は生まれません。形式的にワークショップ型に移行したように見せかけているだけで、本質的には、あらかじめ定義した設計図を達成するファクトリー型

に後戻りしているようなものです。

チームのポテンシャルを最大限に活かすためには、**常に「意外な発想」を期待して、問いかけに工夫を凝らし続ける**こと。そして**チームにとって「とらわれ」の外側にある「思いも寄らない展開」を受け入れていく**ことが、重要なのです。

BAD! **悪い問いかけは、事前に用意された結論に向けて、予定調和的に進行する**

GOOD! **良い問いかけは、チームにとって思いも寄らない結果を生み出す**

さて、これまで追いかけ続けてきた家電メーカーX社のチームは、A氏の試行錯誤の甲斐があって、見事にワークショップ型のチームに移行することができました。B氏が発案したアイデアの種も、ミーティングによって磨かれ、製品化に向けて動いているようです。

何より、A氏自身が「仕事が楽しくなった」と言います。これまではどこか退屈さを感じていたところが、毎回のミーティングでメンバーの意見に驚かされるようになり、思いも寄らない展開に遭遇する機会が増えたといいます。

ファクトリー型の時代は、それらは計画から逸脱した「トラブル」として対処されていたかもしれません。しかし「問いかけ」を通してA氏がそれを楽しめるようになったことで、一人ひとりのメンバーの「こだわり」が発揮され、互いに学び合うチームへと進化したのです。

問いかけの基本定石④
凝り固まった発想をほぐし、意外な発見を生み出す

2-3

問いかけのサイクルモデル

MANNERS 13

問いかけの真価を発揮する、3つの作法

ここまでに紹介した4つの基本定石を意識して、日々のミーティングに工夫を凝らすだけでも、チームの空気が変わっていく様子を実感できるでしょう。

しかしながら、問いかけの技術の奥深さと効能は、まだまだこんなものではありません。

私はこれまで、チームのポテンシャルを最大限に発揮するための問いかけの技術と効果について、10年以上研究を続けてきました。その過程で、「問いかけの達人」とも言えるような百戦錬磨のファシリテーターが進行するミーティングに参加させてもらい、観察記録を取ったり、ビデオカメラで録画した映像を何度も分析したりして、その技のメカニズムについて解析してきました。

そしてそれらの発見事実を、心理学や経営学の理論と照らし合わせながら、自分自身のチームマネジメントや、クライアントのミーティングのファシリテーションの場面で試してみるこ

とで、多くの場面で効果が出る汎用的な問いかけの技術について、探究してきました。

その結果わかったことは、**良い問いかけとは、「見立てる」「組み立てる」「投げかける」という3つの行為のサイクルによって成立している**、ということです。

問いかけのサイクル

1 見立てる
2 組み立てる
3 投げかける

1 見立てる

問いかけは、**チームとメンバーの状況をよく観察することによって「見立てる」**ことから始まります。

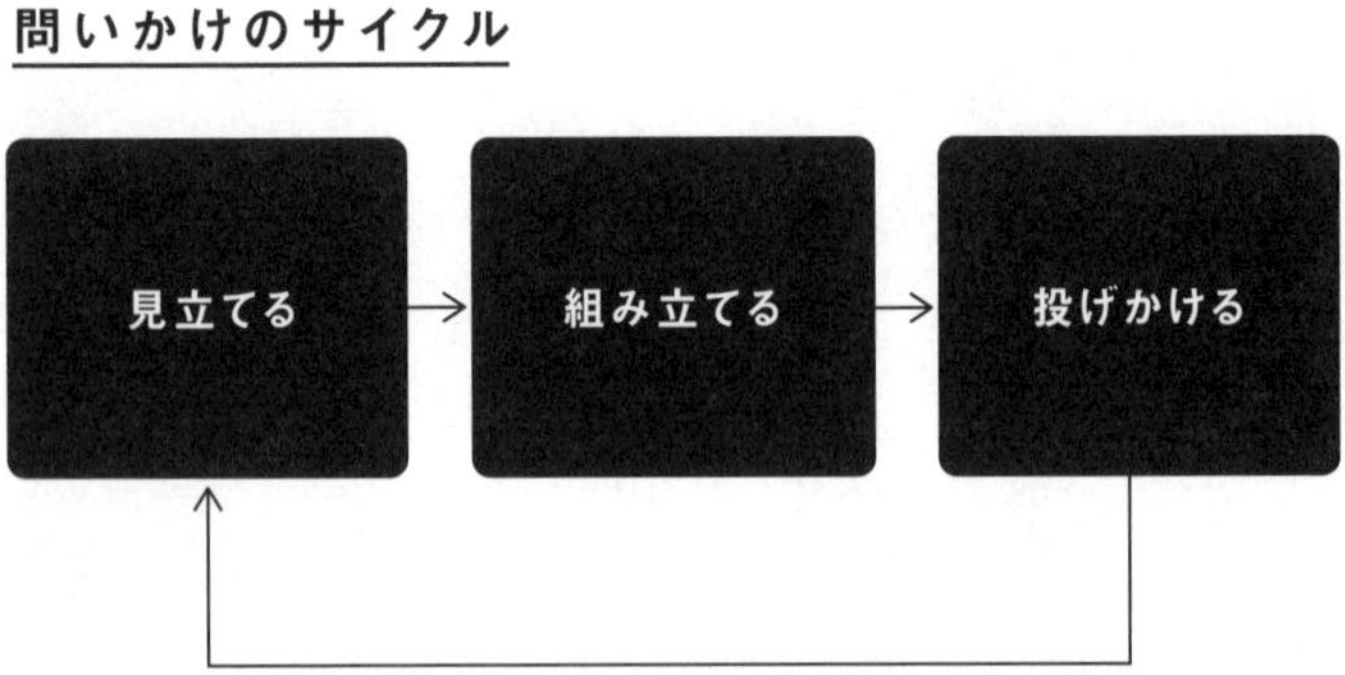

良い問いかけは、どこからか降って湧くものではありません。

メンバーがいまどのような心情なのか。頭のなかで、どんな葛藤を巡らせているのか。チームのいまの空気はどのようなものか。なぜ誰も発言していないのか。この盛り上がりは何を意味しているのか。何が大切にすべき「こだわり」で、何が捨ててもよい「とらわれ」なのか。チームの本来あるべき姿とは。

このように、チームの状況を丁寧に観察・分析することで仮説を立てなければ、適切な問いかけはできません。

まず適切に「見立てる」ことが、問いかけの作法の第一歩なのです。場を「見立てる」具体的な作法については、第3章で解説します。

2 組み立てる

場の「見立て」に従って、望ましい変化を生み出す具体的な質問を「組み立てる」のが、次のステップです。

前述した4つの基本定石をもちろん忘れてはなりませんが、それに加えて、問いかけの達人は、こだわりを深掘りする「フカボリモード」と、とらわれを揺さぶる「ユサブリモード」の2つのモードを使い分けています。

そしてパワフルな質問の型である「素人質問」「ルーツ発掘」「真善美」「パラフレイズ」「仮定法」「バイアス破壊」の6つのパターンを駆使して、質問を組み立てます。質問を「組み立てる」具体的な作法については、第4章で解説します。

3 投げかける

組み立てた質問を、いざ相手に投げかける場面にも、工夫を凝らします。質問を活かすも殺すも投げかけ方次第。せっかくの質問も、相手が聞いていなければ意味がありません。相手の注意をきちんと引き、意図が正しく伝わるように、細かな表現を調整して、質問を放つ。期待した反応が得られなければ、すかさずアフターフォローをする。問いかけがうまくいかない人の多くは、このステップを疎かにしていることが少なくありません。質問を「投げかける」具体的な作法については、第5章で解説します。

問いかけは、ひとつの質問を投げかけたらそれで終わり、ではありません。

相手がどのように質問を受け止めたか。頭のなかにどんな思考が巡らされているか。それによってチームにどんなコミュニケーションが生まれたか。その様子を再び観察して場を「見立てる」ことで、必要に応じて、新たに質問を「組み立てる」のです。そして頃合いをみて、次の質問を「投げかける」。この作業を繰り返し、いくつもの問いかけを組み合わせていく。そして、チームの「とらわれ」を打破し、「こだわり」を耕していくことで、一人では生み出せない成果に導くこと。これが、本書で解説する「問いかけの作法」のサイクルです。

PARTⅡの実践編（第3〜5章）は、どの章から読んでも問題がないように書かれています。3つの作法はそれぞれ循環的ですから、順番に読み進める必要はありません。効果的な「質問の型」を早く知りたいという人は、第4章から読むのも良いかもしれません。

COLUMN

心理的安全性

ここ数年ほど「心理的安全性（psychological safety）」という概念が、組織開発や人材育成の注目トピックになっています。ハーバード大学のエイミー・C・エドモンドソン教授が1999年に提唱した概念で、「チームにおいて、率直に意見を述べても、関係性が悪化しないと信じられている状態」のことを指しています。エドモンドソン教授の著作は2021年に『恐れのない組織――「心理的安全性」が学習・イノベーション・成長をもたらす』として翻訳され、日本でも多く読まれています。

「心理的安全性」の重要性を世界に知らしめたのは、2012年にGoogleが立ち上げた研究プロジェクトです。Googleの調査結果によれば、チームの成果にとって重要なのは「メンバーの有能さ」ではなく「チームがいかにして協力関係を築くか」であって、特に重要な要素として「心理的安全性」を挙げたのです。

これを機に国内でも「心理的安全性」の重要性の理解が高まっていましたが、2020年に刊行された石井遼介氏による日本初の体系的な「心理的安全性」の実践書である『心理的安全性のつくりかた』がベストセラーになり、日本のビジネス現場にも一気に普及しました。

心理的安全性の指標のひとつに「意見が言いやすいか」があります。「はじめに」で示した「お通夜ミーティング」は、まさに「心理的安全性が低い状態」だと解釈することができるでしょう。逆にいえば、本書が目指す「チームのポテンシャルが発揮された状態」とは、「心理的安全性が高い状態」と捉えることもできるかもしれません。

意見が活発に飛び交うには、チームの「心理的安全性」を高めなくてはいけない。そのように考えることも可能です。しかし、私は「心理的安全性」と「意見が言いやすいこと」は、いわば「鶏と卵」のような関係で、「心理的安全性が高いから意見が言いやすくなる」だけではなく「意見を言いやすくしていくうちに心理的安全性が高まる」ということがあると考えています。

本書が徹底して「問いかけ」の質にこだわっているのは、チームの問題をすべて「心理的安全性が低いからだ！」と考えて匙を投げるのではなく、「問いかけ」に工夫を凝らして、自然と「心理的安全性が高いチーム」を作ることができると信じているからです。

第3章

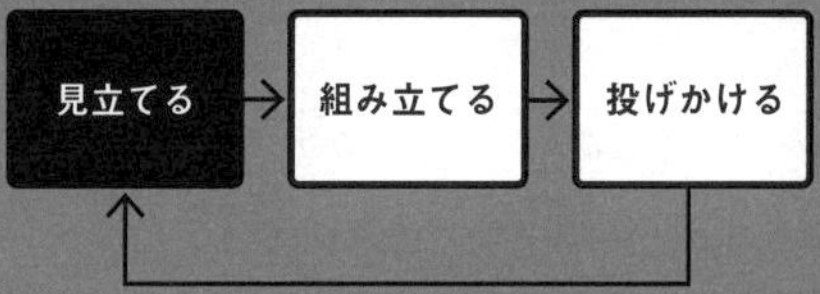

問いかけの作法❶
見立てる

第３章では、問いかけのサイクルのうち質問を「見立てる」作法について解説します。

まずは、観察を通してチームの状況を見立てるための簡易チェックリストを紹介します。観察を支える４つの問いをガイドラインとして持ちながら、「何かを評価する発言」「未定義の頻出ワード」「姿勢と相槌」に着眼することで、チームの「こだわり」と「とらわれ」を見つけます。

つぎに、新たに「三角形モデル」を紹介し、見立ての精度をさらに高めるためのアプローチを解説します。現場の観察だけでは限界がありますから、「場の目的」と「見たい光景」を事前に描いておくことで、必要な変化のイメージを具体化することができます。

そして最後に、中長期的に見立てる力に磨きをかけるための５つのトレーニング方法について解説します。

3-1

観察の簡易チェックリスト

MANNERS 01

見立てを問いかけの機軸にする

問いかけのサイクルの初手に位置づく「見立てる」のステップは、観察や考察を通して、場がどのような状況にあるのか、チームにとって何が「こだわり」で何が「とらわれ」なのか、チームにどんな変化が必要なのかを見定めるためのものです。質問を組み立てる前の「準備」と捉えることも、質問を投げかけた後の「アフターフォロー」の延長にあると捉えることも可能です。

相手の状況をまったく把握せずに質問を投げかけることは、目隠しをしてスイカを割るようなもので、うまく当たればラッキーの「当てずっぽう」になってしまいます。相手のポテンシャルを引き出す良い問いかけをするためには、**チームの状況を観察して、いま一人ひとりのメンバーがどのような状況にあるのか、仮説を立てなければいけません。**

良い問いかけを繰り返すには、「組み立てる」「投げかける」のステップも重要ですが、常にチームや相手を分析・観察して状況を「見立てる」ことを機軸にして、問いかけのサイクルを循環させていく必要があるのです。

MANNERS 02

見立てとは、対象に解釈を加えること

「見立てる」という言葉には、辞書的にはいくつかの意味があります。医者が患者の症状を診断するとき。「人生とは旅のようなものである」といった具合に、何かを別のものになぞらえるとき。友人に似合う洋服を選定するとき。さらには、子どものごっこ遊びまで。

これらに共通する意味とは、対象Ａをよく見ることで、「対象Ａは、Ｂと解釈できる」と、**対象に新たな解釈のラベルを貼り付ける**ことです。「この患者（Ａ）は、ただの風邪（Ｂ）だ」

「人生（A）は、旅のようなもの（B）だ」「この友人（A）は、この服が似合う（B）」などと、目の前の対象Aをよく観察することで、そこにBという意味づけを付与することが、「診断する」や「なぞらえる」などと説明される、見立てることの本質です。

たとえば、ミーティングの場面において、頬杖をついて、首をかしげ、眉をひそめている30代の男性メンバーがいたとしましょう。他のメンバーが活発に議論している様子に耳を傾けながらも、自身は言葉を発していません。これを「対象」とします。

この対象を観察したとしても、「頬杖をついて、首をかしげているな」と考えるだけでは、見立てたことにはなりません。これはただ、対象の観察可能な特徴を確認しているだけです。対象の様子に、何かしらの「意味づけ」をしなければ、解釈につながりません。

たとえば「議論の流れに違和感があり、モヤモヤしているのかな？」「議論に興味関心がなく、早く終わって欲しいと考えているのかも？」「眠気を誤魔化しているに違いない」などと、当たっているかどうかは置いておいて、観察によって得られた情報に、仮説的に解釈のラベルを貼り付けることで、「見立て」は成立します。

対象に解釈を加えることで、見立ては成立する

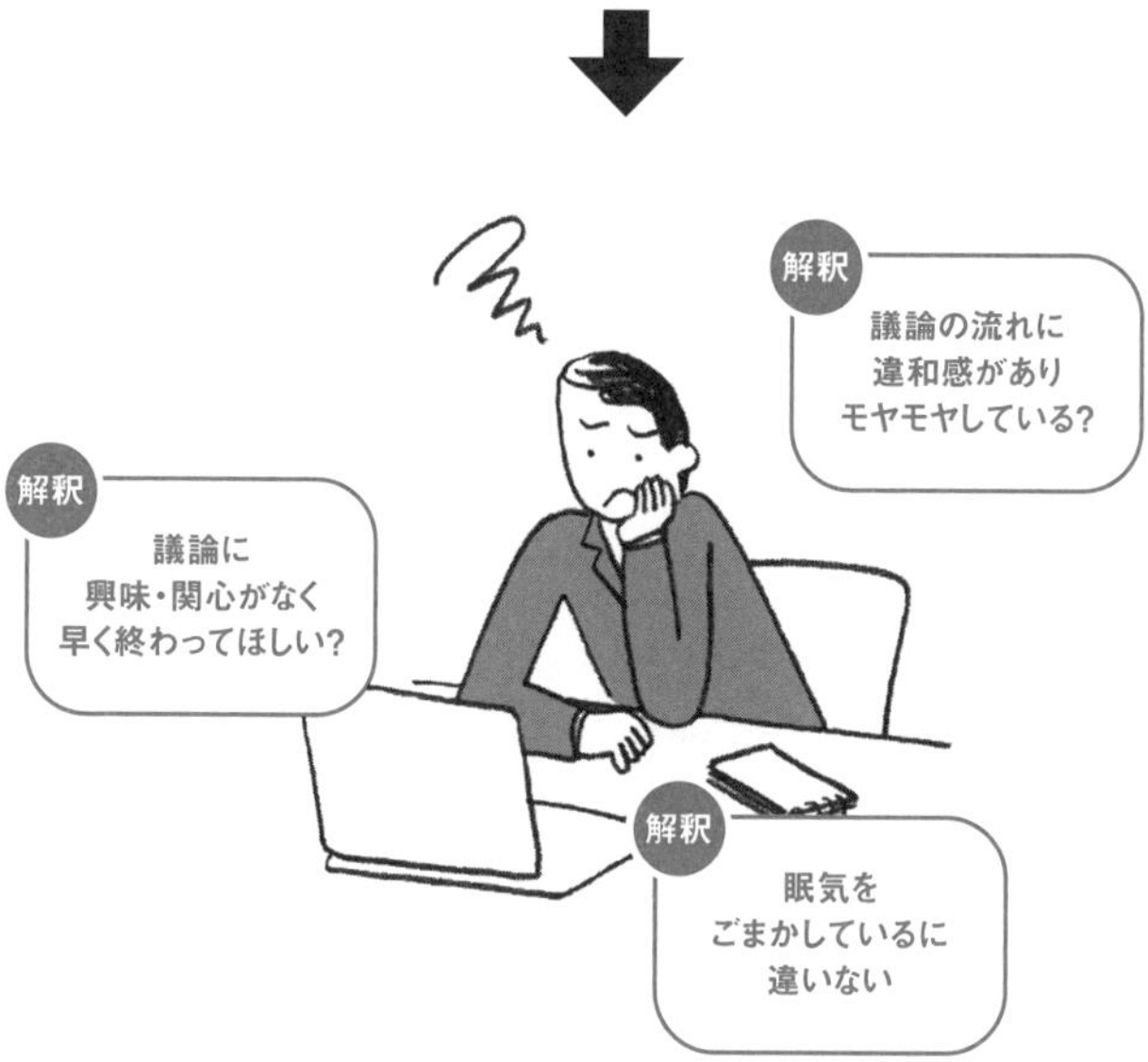

MANNERS 03

卓越した観察力は本当に必要か？

ファシリテーションについて勉強している方からすれば、「観察が重要だ」というメッセージは、耳にタコができるほど聞かされていて、すでに食傷気味かもしれません。

観察の技術は、それ単体で関連書籍が膨大に出版されており、奥深い領域です。企画、営業、交渉、説得など、アイデア発想やコミュニケーションスキルがものをいうビジネスの現場において、対象の本質を見抜く技術が重宝されるのもうなずけます。なんといっても、観察によって物事の裏側を暴いていく技術は、人間の持っている多種多様な技能のなかでも、とりわけ魅力的です。

余談になりますが、卓越した観察力によって多くの人を魅了した人物といえば、イギリスの小説家、アーサー・コナン・ドイルが生み出した名探偵シャーロック・ホームズでしょう。

「はじめまして。アフガニスタンにおられたのでしょう？」
「どうしてそれがおわかりですか？」

ホームズが、後に相棒となるジョン・H・ワトソンに初めて出会った際の驚くべきやりとりは、ホームズの優れた観察力を象徴する名場面として、シリーズ1作目の『緋色の研究』に描かれています。

ワトソンは軍医であり、たしかにアフガニスタン戦争に従軍していました。しかし、そのことはまだ一言も明かしていません。

しかしホームズは、彼の姿を一目見たときに、ワトソンが医療関係者のような風貌であること。顔は色黒だが、手首は白く、日焼けによるものであること。左腕の動きがぎこちなく、負傷している様子であること。顔が疲れきっており、なんらかの苦難を経験したようであること。いくつかの手がかりを結びつけて、鋭い仮説を立てたのです。

ミーティングの場面でも、もし私たちにホームズのような観察力があれば、どんなに便利なことでしょうか。ちょっとした反応をヒントに「いま、企画の改善点を2つほど思いついたけれど、言わずに引っ込めましたね？」などと、名推理を起点にしながら、チームを活性化する鋭い問いかけができるのかもしれません。

しかしながら、ホームズのような「卓越した観察力」に憧憬を抱くことには、良い問いかけの観点からはリスクもあるのです。

MANNERS 04

初心者がぶつかる、膨大な情報量の壁

その理由は、現実のミーティングでは**対象の情報量があまりに膨大で、解釈を加える以前に情報の取捨選択が困難である**からです。

観察の技術に関する手引きを読むと、たいてい「先入観にとらわれずに、一次情報※を収集する重要性」が説かれています。しかしミーティングの場面でリアルタイムに見立てをするためには、限られた時間で対象に解釈を加えなくてはいけません。

実際に、シャーロック・ホームズになったつもりで、ミーティングの場面を観察し、一人ひとりの心情を推理することにトライしてみると、よくわかるでしょう。


「さっきからあの人は黙っている。なにか意味があるのだろうか？」

「眉間にはシワが2本寄っている。なにか意味があるのだろうか？」

「時計に目をやった。なにか意味があるのだろうか？」

「資料を読み直しているようだ。なにか意味があるのだろうか？」

「あくびをしている。なにか意味があるのだろうか？」

「眉間のシワが3本に増えた。なにか意味があるのだろうか？」

※一次情報：誰かから見聞きした情報ではなく、自分が直接的に体験した情報。

このように、目に見えるすべての手がかりに注視して、丁寧な観察をしようとすると、職場には膨大な情報が溢れていることに気づかされるでしょう。なかなか意見を発しない人の眉間のシワを数えているうちに、別の誰かが次の意見を発してしまうはずです。刻一刻とすぎていくミーティングにおいて、丁寧に観察することに気を取られすぎてしまうと、説得力のある推理にたどり着く前に、ミーティングは終わってしまいます。

MANNERS 05

情報を取捨選択する「フィルター」の役割

シャーロック・ホームズは、なぜ一瞬にして、ワトソンの素性を見抜いたのでしょうか。ホームズの視界にも、おそらく膨大な情報が映っていたはずです。手首や顔色など、「限られた手がかり」にのみ着目し、「軍医である」という見立てを即座に導き出せたのは、なぜでしょうか。

ホームズは知能指数（IQ）が190で頭の回転が速く、膨大な情報処理能力を持っていたとも考えられます。しかしそうであっても、視界に飛び込むあらゆる情報に対して、すべて処理を行なっているわけではないはずです。実際、なんらかの判断基準によって、膨大な情報に対して「手がかりになる可能性が高いもの」と「手がかりになる可能性が低いもの」を取捨選択していることが、その後のいくつかのエピソードからわかってきます。

まず、対象に解釈のラベルを貼り付けて「見立てる」プロセスには、膨大な情報を逐一すべて処理するのではなく、必要な情報と不要な情報を取捨選択しています。

そして「この患者は、ただの風邪だ」「人生は、旅のようなものだ」「この友人には、この服が似合う」と、対象Aに対して、解釈Bのラベルを貼り付けて「見立てる」過程には、知識や経験などの浸透膜のような「フィルター」が作用していることがわかります。

ホームズが活用しているフィルターは、長年の経験で培われた、勘のようなものでしょう。どんな人でも、経験を積み重ねることで、このフィルターの精度を上げ、卓越した観察眼に近づくことはできるはずです。けれども、そのトレーニングにはどうしても時間がかかります。

忘れてはならない本書の目的は、チームのポテンシャルを活かすことであり、そのために効果的な問いかけをすることです。観察力を磨くことを重視するあまり、いつまでも次の組み立てのステップに進めなくなっては困りますから、スキルが未熟なうちは「観察の沼にはまりすぎずに、ほどほどに」と覚えておくとよいでしょう。

MANNERS 06

初心者のための観察のガイドライン

さて、経験と勘を持たない初心者は、何をフィルターにして、見立てをすればよいのでしょうか。そのヒントは、第一に、**ガイドラインとしての問いを持つ**こと。そして第二に、**観察する着眼点を絞る**ことです。

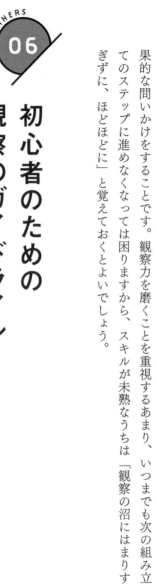

『宇宙兄弟』『ドラゴン桜』などのメガヒット作を手掛けた編集者である佐渡島庸平氏は、日々の観察の質を高めるコツとして、事前に問いを持ち、仮説を立てることを挙げています。問いから生まれた仮説は、それを検証したいという欲望を喚起し、それが観察の原動力になるというのです。※

「問いかけ」の準備としての観察に「問い」が必要というのは、いささかややこしいかもしれませんが、確かに、頭の中にガイドラインとしての問いを持っておくと、同じ対象でも見え方が変わり、自然と仮説が浮かびやすくなります。

「見立てる」段階では、とにかく、チームのポテンシャル発揮の鍵を握っている「こだわり」と「とらわれ」を特定することが先決です。そこで、以下の4つの問いを頭の中に持っておくと、初心者の観察を支えるフィルターの役割を果たしてくれます。

※『観察力の鍛え方　一流のクリエイターは世界をどう見ているのか』（佐渡島庸平・著、SBクリエイティブ、2021年）

観察を支えるガイドラインとしての問い

1 何かにとらわれていないか？
2 こだわりはどこにあるか？
3 こだわりはずれていないか？
4 何かを我慢していないか？

---

1 何かにとらわれていないか？

ミーティングの様子を観察しながら、目の前のメンバー一人ひとりが、どんな暗黙の前提に立っているか。何かしらの固定観念に陥っていないか。特定の価値基準に縛られていないか。また、誰かに対して「こういう人だ」という決めつけをしていないか。チームにとって疑う価値がある「とらわれ」がないかどうか、検討します。

2 こだわりはどこにあるか？

疑うべき「とらわれ」を探りながらも、同時に育むべき「こだわり」にも目を向けます。まだチームの関係性がそれほどよくないうちは、注意深く観察しなければ、メンバーのこだわりは見つけられないでしょう。ちょっとした発言や反応から、一人ひとりのちょっとしたこだわりや、チームとして共通の核となりそうなこだわりの源泉を探します。

3 こだわりはずれていないか？

チームメンバーを観察しながら「こだわりはどこにあるか？」を探っていくと、一人ひとりの個性が見えてくるはずです。チームのメンバーのこだわりがそれぞれ違うこと自体は、チームの多様性の証しですから、よいことです。しかし、その違いを認識していなかったり、認めていなかったりすると、チームのコミュニケーションがかみ合わないことがあります。

一人ひとりのこだわりの方向がすれ違っていないか。手段と目的のこだわりがずれていないか。こだわりのズレに敏感になることも大切です。

4 何かを我慢していないか？

チームの現代病である認識と関係性の固定化が悪化していると、一人ひとりの衝動が抑圧され、言いたいことが言えない状況になってしまいます。意見が出てこなくなることが、チームにおいて最も厄介な状況です。何か言いたいことが頭に浮かんでいるのに、我慢してはいないだろうか？　と注意深く観察することが重要です。

これらの「問い」を頭の中に持ちながら、続いて「着眼点」を絞ります。実はシャーロック・ホームズも、その後のエピソードにおいて、初対面の人に出会ったときには、第一に「手」に着目し、その後は「ズボンの膝」や「靴」に着目するとよい、とワトソンにアドバイスする場面がでてきます。

問いかけの初心者がフル活用すべきは、実は目ではなく「耳」です。チームメンバーが日々何を話しているか、使われている言葉に耳を傾けることです。特に「何かを評価する発言」を最重視して、その次に「未定義の頻出ワード」に注意を向けると良いでしょう。これらの言葉に耳を傾けるだけでも、前述した問いのうち「何かにとらわれていないか？」「こだわりはどこにあるか？」「こだわりはずれていないか？」の3つの問いの手がかりは、十分に得られるはずです。**チームのとらわれとこだわりは、使われている言葉に現れる**のです。

視覚的な情報は、あくまで補足的に頼りにするとよいでしょう。特に話している人の「姿勢と相槌」に目を向けると、チームメンバーが「何かを我慢していないか？」を察知するのに役立ちます。

見立ての着眼点

1 何かを評価する発言
2 未定義の頻出ワード
3 姿勢と相槌

観察に自信がないうちは、前述の４つの問いをガイドラインとして持ちながら、３つの着眼点に集中するとよいでしょう。整理すると、以下の図のようになります。

問いかけに慣れてきて、いわゆる「卓越した観察力」が身につけば、このようなガイドラインに頼らなくても、メンバーの感情の機微や、個性や才能の芽生えなど、細かな変化を察知することができるでしょう。けれども初心者のうちは、まずはこのガイドラインを観察のフィルターとして活用しながら、効率的に「見立て」をこなしていくとよいでしょう。

見立ての着眼点とガイドラインとしての問い

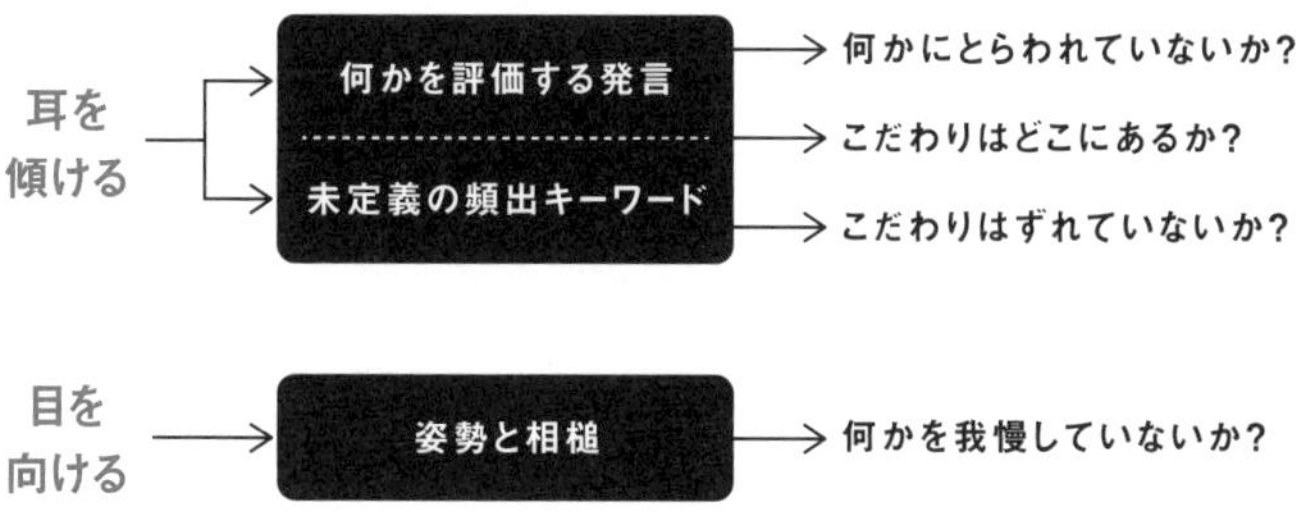

以下から、3つの着眼点ごとに詳細を解説します。

MANNERS 07

着眼点①
何かを評価する発言

何かに評価が向けられた発言は、「こだわり」と「とらわれ」を見つける手がかりの宝庫です。アイデアの良し悪しに対する評価、不測のトラブルなど問題に対する評価、他者のパフォーマンスや姿勢に対する評価など、チームには日々さまざまな評価が飛び交っているはずです。

評価とは「良い」「悪い」だけでなく、「正しい」とか「美しい」とか、「ちょっと微妙だ」とか、ハッキリしたものから曖昧なものまで、さまざまなものを含みます。ポジティブなものであれ、ネガティブなものであれ、目の前の事象に何か評価を下すということは、背後に評価するための**観点**があり、その根底には何らかの**価値観**が働いています。

たとえば、初めて足を運んだレストランを評価するときに、主な評価対象とするのは味なのか、価格なのか、サービスや雰囲気なのか。あるいはそれらの組み合わせなのか。何に着目して評価をするのか。それが「観点」です。

そして、それらの観点に目を向けながら、どのようなことを大切にして、どのような基準で評価をするのか。たとえば「多少コスパが悪くても、非日常を味わえる雰囲気やサービスが提供されるべきだ」といった考え方が、「価値観」にあたります。

実際の評価は「あの店は良かった」「あのお店はイマイチだった」などと口に出されることが多くても、評価を支える「観点」や「価値観」は、可視化されているとは限りません。一角だけが水上に姿を見せている氷山にたとえるならば次のようなイメージです。

まずは、チームの「何かを評価する発言」の背後にどのような観点や価値観が働いているのかを推察するところから始めるとよいでしょう。

そうして見えてきた価値観のなかには、組織やチームが長年かけて培ってきた、大切にしていきたい「こだわり」もあれば、凝り固まった「とらわれ」もあるはずです。観察を通して常に「背後にどんな価値観があるのか」「それは守るべき価値観なのか」を自問自答するのです。

たとえ確証がなくても、具体的な「こだわり」もしくは「とらわれ」らしきものの仮説が見えてきたら、しめたものです。仮説を検証するために、思考の前提を確認したり、「こだわり」の背景を深掘りしたりする質問につなげてもよいでしょうし、積極的に「とらわれ」に揺さぶりをかける質問につなげてもよいでしょう。仮説としての見立てができれば、質問を組み立てるための大きな手がかりになります。

評価を支える観点と価値観

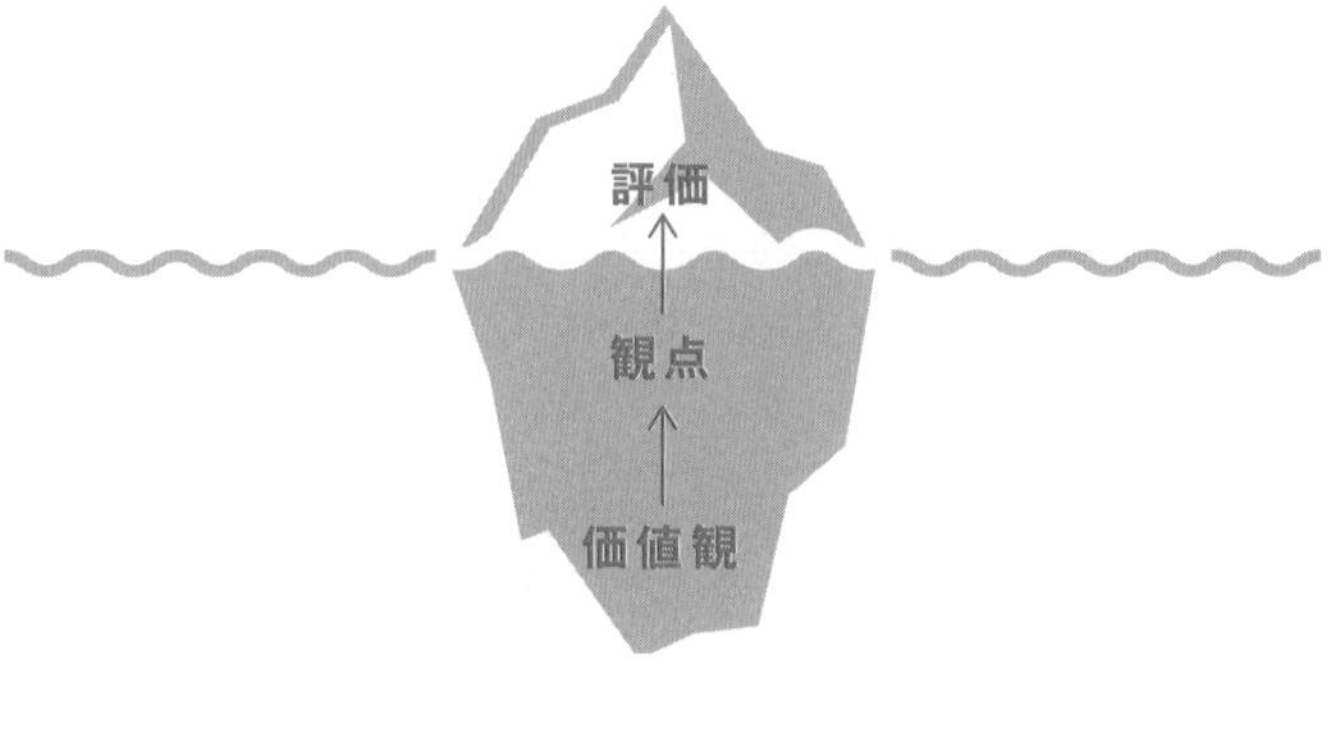

◎評価の食い違いは、価値観のずれから生まれる

何かを評価する発言は、互いの前提のずれによる「関係性の固定化」のヒントにもつながります。同じ事象に対して異なる評価がなされる場合、多くの場合、観点、もしくは価値観が異なることによって、一人ひとりのこだわりがずれているために起こるからです。

2021年夏に開催された「2020年東京オリンピック競技大会」では、その開催の是非から、開会式・閉会式の在り方まで、さまざまな評価が飛び交っていました。閉会式の翌日には、SNSに「#オリンピック開催して良かった」「#開催してよかったわけねえだろ」という正反対のハッシュタグで意見が飛び交い、まさに賛否両論が巻き起こされていました。

これはオリンピックに対して「スポーツの祭典としてどうだったか」といった観点だけではなく、「感染症対策として」「税金の使い方として」「運営組織の在り方として」「演出やものづくりの姿勢として」など、さまざまな観点があったことを物語っています。

もし「あくまでスポーツの祭典であるから、選手たちの努力の成果が発揮されるべきだ」といった価値観を持っていれば、「選手たちのパフォーマンス」の観点から、ポジティブな評価がなされるかもしれません。特に「日本国民として、日本のアスリートの活躍に期待したい」という価値観が根底にあれば尚更、史上最多のメダル獲得数を記録した今大会は、最高の成果だったといえるでしょう。

しかし「国民の多大な税金を活用するからには、感染症対策を最優先にすべきだ」という価値観を持っていれば、同時期に増加し続けた「東京都の感染者数」を観点に、ネガティブな評価がなされるかもしれません。

「関係性の固定化」とは、チームメンバー同士のこだわりが食い違ったまま、わかりあえなくなっている状態です。特に上述した例のように「AかBか」といった極端な二項対立に陥っている場合は、正しい結論を決める「議論」に発展させることは、チームにとってあまり建設的ではありません。チームのポテンシャルを発揮させるためには、お互いの前提をわかりあうための「対話」と呼ばれるコミュニケーションが不可欠です。そのために、両者のこだわりのずれを解消し、同じ土壌で話し合いを深められる、良い問いかけが必要です。

前述したオリンピックの例で言えば、「もし開催前に戻って、大会の運営ガイドラインをひとつ変えるとしたら？」と過去を振り返る質問につなげてもよいでしょう。あるいは具体的な共同のアクションにつなげるのだとすれば、「大会が終了したいま、私たちにできることは何か？」とストレートに質問してもよいかもしれません。互いの前提をすりあわせながら、共通のこだわりを編み直すきっかけになるはずです。

◎メンバーに対する「確証バイアス」に要注意

特定のメンバーを直接的に評価する発言も、注意が必要です。

基本編で紹介した家電メーカーX社の「部下のアイデ

価値観の違いによる「東京オリンピック」の評価の食い違い（例）

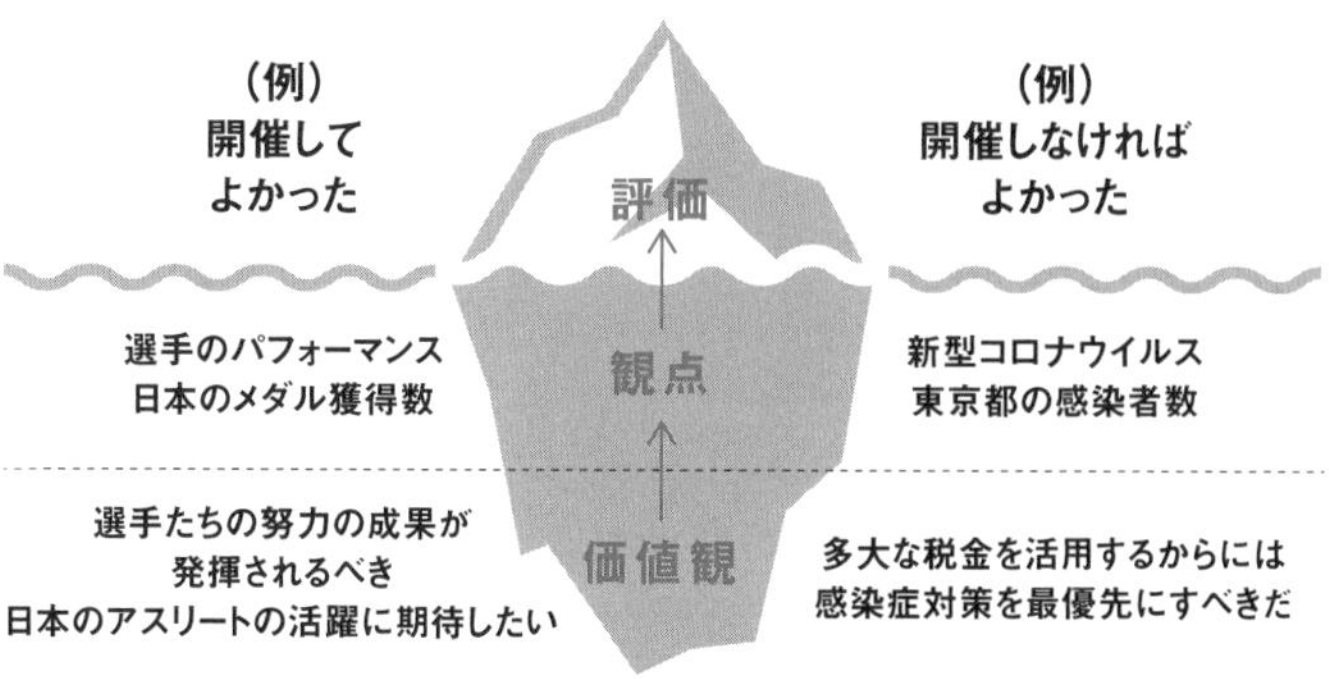

ア発想力が低い」とか「上司が話を聞いてくれない」といった発言が、それにあたります。このような評価は、実際に正しい場合もあるでしょう。しかしこのように誰かを「こういう人だ」と決めつけている発言が出ること自体が、関係性の固定化のサインになるため要注意です。

その理由は、人間関係において、**確証バイアス**と呼ばれる偏見が、関係性の固定化を助長するからです。人間はさまざまなバイアス（偏ったものの見方）にとらわれてしまう生き物ですが、その中でも確証バイアスとは、**一度「そうだ」と仮説を立てたら、無意識に仮説を支持する情報を集め、仮説に反する情報を排除する傾向**のことです。

国民的な名作『ドラえもん』に登場するのび太くんと出木杉くんは、確証バイアスについて理解する好例でしょう。のび太くんは勉強もスポーツも苦手な劣等生の典型です。他方で出木杉くんは学業優秀でスポーツ万能、優等生の典型です。この「劣等生」と「優等生」という評価は、日々の成績や出来事が示している「客観的な事実」であると同時に、彼らの友人たちが無意識に形成した「バイアス」でもあります。

その証拠に、のび太くんは作中で「劣等生」というバイアスに反するような、優れたパフォーマンスを幾度となく発揮しています。ところがその度に、スネ夫とジャイアンから「のび太のくせに！」というフレーズとともに、例外的な出来事だと判定されてしまいます。仮説通りの失態ばかりがフォーカスされ「やはり、のび太くんは劣等生なのだ」というバイアスが悪循環的に強化されていき、よほどのことがない限り、仮説がひっくり返ることはなさそうです。

出木杉くんも同様です。実はあるエピソードで、出木杉くんの自宅にかかってくる嫌がらせの電話が原因で、成績が落ち込んでしまうシーンが描かれています。ところが周囲は「あの出木杉くんが、成績が落ちるなんて、何事だろうか」と、「優等生」にたまたま発生した「例外的な出来事」として解釈され、評価が揺らぐことはありません。

一度、関係性の固定化が発生すると、確証バイアスの効果によって、お互いの評価はなかなか変わることはありません。のび太くんの隠れた「こだわり」を引き出し続ける友人たちに形成された「のび太くん＝劣等生」という「とらわれ」に揺さぶりをかけるにはどうすれば良いか？　問いかけで、固定化されたライトの角度を変えていくしかないでしょう。

確証バイアスは、上司から部下に対する評価に限らず、部下から上司、メンバー同士のさまざまな階層で起こりえます。誰かが誰かを評価する発言のすべてがバイアスによるものだとは限りませんが、背後にある価値観を推測しながら、それがバイアスによるものになっていないか、関係性のずれを生み出していないかを常に確認するとよいでしょう。

MANNERS 08

着眼点②
未定義の頻出ワード

続いて耳を傾けるべきは、**未定義の頻出ワード**です。日々の業務や、チームのコミュニケーションのなかで繰り返し登場する専門用語や固有名詞、独特な言い回しなどがあったら、それらに注意するとよいでしょう。

前述した「何かを評価する発言」は、評価の背後にある観点や価値観を推察することが、見立てのポイントでした。未定義の頻出ワードの場合は、**使われているキーワードが「どのような定義で使われているか」に着目する**ことがポイントです。

扱っている商品や、部署の名前など、日常会話の中で頻出するキーワード自体は、数えればきりがありません。その中でも、具体的な意味が定義されないまま使われている言葉や、使っているうちに定義が曖昧になってきているキーワードに、注目するのです。定義が曖昧ななかでも何度も使われているということは、愛着が溢れる「こだわり」か、もしくは形骸化しつつある「とらわれ」のどちらかである可能性が高いからです。

たとえば第1章で紹介した自動車の周辺機器メーカーの例でいえば「未来のカーナビ」「人工知能（AI）」という言葉がそれにあたります。これらがチームにとって重要な「こだわり」というよりかは、まるで小学生の夏休みの宿題のように、「当然やらなければいけないもの」といった「とらわれ」に感じられたために、揺さぶりをかける問いかけへつなげることができました。

◎企業理念は、こだわりか？　とらわれか？

企業理念の浸透に成功しているチームでは、理念そのものが頻出するキーワードとなっている場合があるでしょう。

私が経営する株式会社MIMIGURIは、「CULTIVATE the CREATIVITY」という言葉をミッションとして掲げています。

私たちは新規事業開発やブランディングのコンサルティングを得意としているため、日々クライアント企業から質の高いアウトプットが求められます。しかしこちらから一方的に成果物としてのアウトプットを納品するだけではなく、クライアントの現場のチームから、持続的に良いアウトプットが生まれ続けるように、組織の体制や風土作りから伴走し、従業員一人ひとりの魅力と才能を活かすことにコミットしています。クライアントに「果実」を提供するだけではなく、「創造性（creativity）」の根源となる土壌を「耕す（cultivate）」ことを大切にしていることから、このようなミッションを掲げています。この言葉は現場にも深く浸透しており、メンバーの日常会話に耳を傾けると「耕す」という言葉が頻繁に使われています。

しかしながら、ともすると、このような「共通言語」は、チームの基盤を強くすると同時に、言葉そのものが拡大解釈されたり、神格化されたりして、かえってチームの現代病の症状を招くリスクも抱えています。

そこで、理念が指し示す「言葉の定義」に定期的に立ち戻って、「何かにとらわれていないか?」「こだわりはどこにあるか?」「こだわりはずれていないか?」を自問自答することが大切です。私たちMIMIGURIも、四半期に一度くらいのペースで、定期的に「CULTIVATE the CREATIVITY」とはどういうことか? その背後にある考え方は、これからも引き続き譲れない「こだわり」なのか、あるいは形骸化しつつある「とらわれ」なのか? について、チームで対話を重ねるようにしています。

MANNERS 09

着眼点③

姿勢と相槌

話されている言葉に耳を傾けつつも、余裕があれば、ミーティングや1on1におけるメンバーの姿勢と相槌に目を向けてみると、ヒントが得られることがあるでしょう。

特に150ページのガイドラインとして掲げた「何かを我慢していないか?」という問いについては、言葉だけでなく、視覚情報が頼りになるでしょう。

「衝動の枯渇」が起きている状態とは、要するに、本当はやってみたいこと、試してみたいこと、話したいことが何かしら頭に湧き上がっているにもかかわらず、それを外に出さずに我慢している状態です。

「こだわり」や「とらわれ」は実際に発せられた言葉に手がかりが詰まっていましたが、蓋がされてしまった衝動は「頭に浮かんだけれど、発せられなかった言葉」にこそあるはずです。それゆえに、**表情や頷きなどの仕草に現れやすい**のです。

たとえば、何か思いついたような表情をして口を開きかけたが、発言を押し殺すように再び口を閉じた、などの行動はヒントになるでしょう。強く抑圧されていなかったとしても、思いついた意見に強い自信がなかった場合、他の人と発言のタイミングが被ってしまったなどのちょっとした理由で衝動には蓋がなされる場合があります。

また、ミーティングの終盤で、決定事項の合意を得る場面にも、よく注意するとよいでしょう。一人だけ頷きが浅かったり、やや妥協した様子で「大丈夫です」と同意したりするような様子が見られた際には、喉の奥に挟まった魚の骨のように、心の中でなにか言いたいことがひっかかっているけれど、封じ込めているのかもしれません。

ミーティング中の姿勢にも、モチベーションや態度がよく現れます。一概には言えませんが、ミーティング中に議論が活発になって、多くのメンバーの上半身が前のめりになっている場面において、一人だけ上半身を椅子の背もたれに預けて、後ろ荷重になっていたとしたら、その人は議論の流れに違和感や疑問があって、それを口に出していない可能性が少なくありません。私がファシリテーションするときには、ミーティングの中盤あたりで参加者の姿勢を確認するようにしています。ただし、元々の姿勢や、体調や気分によっても変わるものですから、あくまで参考程度の情報です。

オンラインのミーティングでは、なかなか物理的な姿勢を観察することは難しいかもしれません。代替として、ミーティングの最中に終始「マイク機能」や「画面表示」をオフにしていたり、多くの人が反応している場面でチャットにほとんど反応しなかったりなど、オフラインミーティングの姿勢に類する態度を手がかりにすることは可能です。それでももちろん、家庭の事情でオフにしている可能性もありますから、こちらもあくまで参考程度の情報です。

いずれにしても、表情や姿勢を観察することで、メンバーの心理状態を見抜くのは、少々技術が必要です。しかし、もし確証が持てなければ、上記を確認すること自体に「質問」を使ってしまえばよいのです。たとえば「いま、何か言いかけませんでしたか？」「何か言い残したことはありませんか？」「本当に大丈夫、ですか？」「何か気になることがありますか？」などと質問をして、何か我慢していることはないかを、直接的に確認するのです。

チームの関係性が悪く、抑圧が根深い場合には、この程度の質問では衝動を解放することはできないかもしれません。「いま、何か言いかけませんでしたか？」と尋ねても「いえ。うーん。まあ、今はとりあえず大丈夫です」などと、明らかに何か言いたげなのに、意見を出してくれないかもしれません。けれども、チームメンバーの衝動が抑圧されていることが判明さえすれば、第4章の「組み立てる」や、第5章の「投げかける」で解説するテクニックによって、それを打破しようと試行錯誤することができるのです。

以上、観察の初心者のための見立てのガイドラインを解説してきました。最初のうちは153ページの着眼点を常に意識して、チームの「見立て」に役立ててみてください。

3-2

見立ての精度を高める三角形モデル

MANNERS 10

現場の観察だけでは限界がある

見立ての簡易チェックリストに基づいて現場の観察を繰り返せば、ある程度はチームの症状を把握することができるでしょう。

他方で、目の前のやりとりに目や耳をそば立てているだけでは、チームに眠っている「こだわり」や「とらわれ」のすべてを把握し、その先に「必要な変化」について鋭い仮説を立てるのには、限界があります。

見立ての精度を高めるためには、この場の「目的」はいったい何なのか。そして場において、チームメンバーのどんな「光景」が見たいのか。誰のどんな「こだわり」が育まれ、どんな「とらわれ」から自由になれるとよいのか。あらかじめ望ましい状態を想像しておき、現状との差分を察知しやすくしておくことが有効です。

極端なたとえ話をするならば、あなたの目の前に「ウサギとカメ」が居たとしましょう。ウサギは道の真ん中で、眠っているようです。その横を、カメがゆっくりと通り過ぎようとしています。この場面は、どのような状況でしょうか？　あなたが、ウサギやカメにサポートできることがあるとしたら、どんなことでしょうか？

その答えは、これだけではわからないはずです。ウサギとカメは競争しているかもしれないし、仲良くハイキングをしているのかもしれません。競争しているけれど、実はウサギはカメに自信をつけさせるために、わざと寝たフリをしているのかもしれません。もしくは、別々の自由行動をとっているだけかもしれません。

両者が共有している目的は何か。そしてウサギとカメのそれぞれのこだわりが発揮された望ましい状態とは、どのようなものか。**チームに必要な変化とは、「目標」と「現状」のギャップから生まれます。**

またミーティングの種類やチームのメンバーの特性によっても、いま、必要な変化は異なるはずです。具体的な目標を事前にイメージできていたほうが、目の前の「現状」だけを眺めるだけよりも、見立ての精度が高められるのです。

MANNERS 11

三角形モデルで「必要な変化」を見定める

現場の観察に慣れてきたら、「場の目的」「見たい光景」「現在の様子」を三項にした**三角形モデル**を使って、見立ての精度を高めていきましょう。

「**場の目的**」とは、ミーティングや1on1のゴールです。ミーティングの目的が「来期の計画について情報共有すること」なのか「新規事業のアイデアを多数出すこと」なのかによって、問いかけによって生み出すべき必要な変化は変わってきます。

「**見たい光景**」とは、チームメンバーがどのような状態になっていることが望ましいか。一人ひとりのパフォーマンスや、コミュニケーションの状態に関する目標です。たとえば「全員が本音を言い合える」とか「若手メンバーの活躍の機会になっている」などです。ミーティングの公式な目的ではありませんが、チームのポテンシャルが発揮された状態をイメージしておく

見立ての三角形モデル

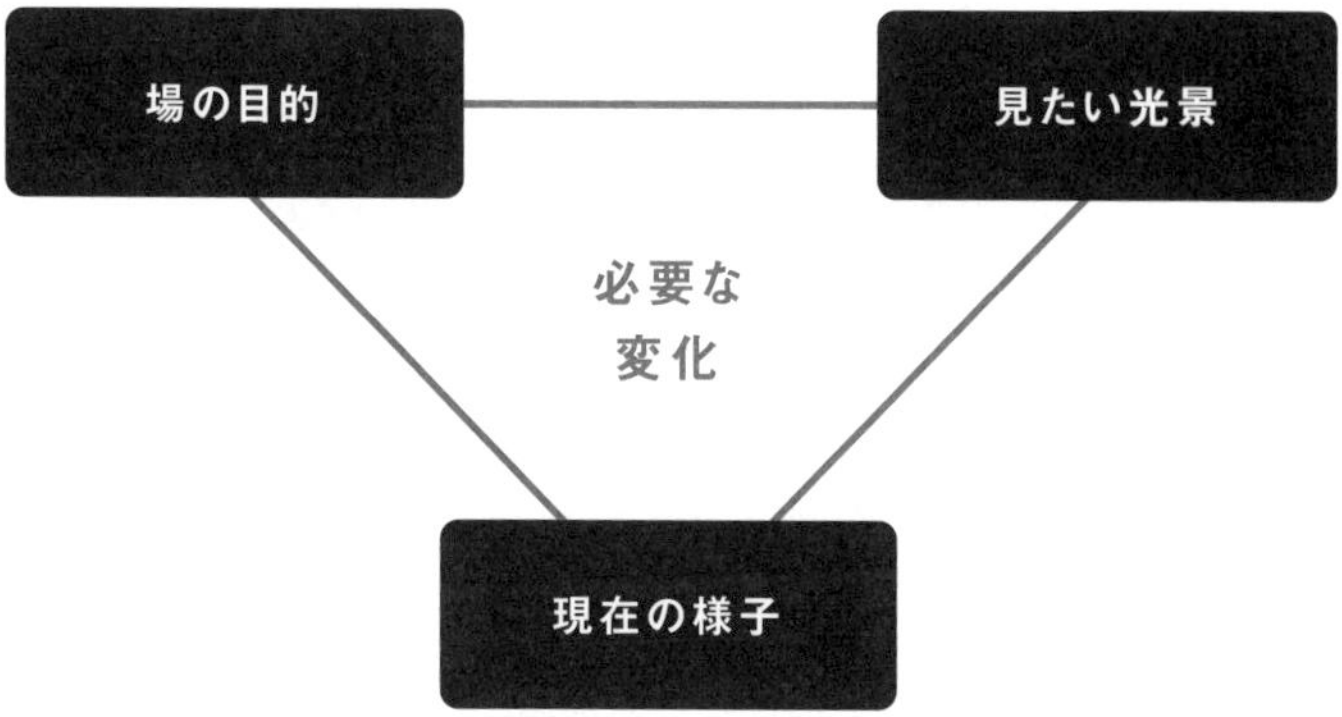

と、課題感が明確になり、見立ての具体性が増します。

「現在の様子」とは、実際にミーティングや1on1において、目の前で展開されている光景です。前述したガイドラインに基づいて観察をしながらも、場の目的に向かって進めているかどうか、見たい光景に近づけているかどうかをモニタリングします。

このようにして「場の目的」「見たい光景」「現在の様子」のそれぞれをぐるぐる検討しながら、いまチームに必要な変化はどんなものか、仮説を立てるのです。

場の目的:ミーティングや1on1の目的
見たい光景:チームにとって望ましい状態
現在の様子:チームの現在の状態

場の目的と見たい光景は、ミーティングにおいてリアルタイムで検討するのではなく、事前にイメージしておくとよいでしょう。以下、手順を説明します。

MANNERS 12

事前に「場の目的」を確認しておく

チームのミーティングの目的は「情報共有」「すり合わせ」「アイデア出し」「意思決定」「フィードバック」の5つのどれか、もしくは組み合わせであるパターンが多いです。もちろん当てはまらないケースもありますが、基本パターンとして理解しておきましょう。

場の目的のパターン

1 情報共有
2 すり合わせ
3 アイデア出し
4 意思決定
5 フィードバック※

1 情報共有

情報をインプットするための場です。今後の会社の方針の発表。プロジェクトの要件の報告。業務に関わるトレンドや最新ニュースの共有。現場の課題の報告。進捗共有。近況報告など。資料やプレゼンテーションを通して情報を共有します。

2 すり合わせ

前提や認識をすり合わせるための場です。日々の状況変化のなかで、チームメンバーの一人ひとりの認識は常に揃っているとは限りません。たとえば、先月から売上が落ちているが、この状況をどのように考えているか。サービス開発の進捗が遅れているが、どこかで巻き返せそうか。スケジュールを立て直したほうがよいか。今回のプロジェクトは成功だったのか。など、まだ解釈が言語化されて統一されていない前提を、お互いの考えを述べ合うことで、認識を合わせる機会も重要です。

3 アイデア出し

新規事業やサービス開発から、広報やイベントの企画まで、さまざまな場面で「新しいアイデア」が求められます。ブレインストーミングなどの手法を使って、メンバー同士でアイデアを出し合うための場です。ミーティングでアイデアを出し合う場合は、これまでにない切り口のアイデアを発散させることが期待されている場合が多いでしょう。

4 意思決定

具体的なアクションに向けて、物事を決めるための場です。複数のアイデアや選択肢から妥当なものに絞り込んでいくプロセスが求められます。予算の使い道をどうするか、チラシのデザインはどちらにするか、どのコンセプト案を実際に製品化するかなど、アジェンダはさまざまです。

5 フィードバック

部下やチームメンバーの行動に対して評価を伝え、パフォーマンスの改善を促すための場です。上司と部下の定例1on1、評価面談、プロジェクトの振り返りなどに実施されることが

※フィードバック：1on1によるフィードバックの技術そのものは、『フィードバック入門 耳の痛いことを伝えて部下と職場を立て直す技術』（中原淳・著、PHP研究所、2017年）が参考になります。

多いでしょう。専門性を持ったメンバーから、業務に必要なノウハウや改善点について研修としてレクチャーされる場なども含みます。

MANNERS 13

チームの「見たい光景」をイメージする

ミーティングの目的を達成する過程において、メンバーがどのような状態になっていると望ましいか、場の目的の確認とセットで、具体的にイメージしておきます。

たとえば「あのメンバーの、こういうこだわりが発揮されるとよい」「上司の思い込みが払拭されるとよい」「懸念や疑問などモヤモヤが遠慮せず話せる場になるとよい」「チーム全体のモチベーションをあげたい」「リスクの高い挑戦的なアイデアが活発に飛び交うとよい」などです。

1 情報共有

今後の会社の方針について共有する場をひとつとっても、方針をざっくりと伝えられればよいのか、方針の細部まで把握して欲しいのか、懸念や疑問を払拭して「腹落ち」して欲しいのかによって、目的の塩梅は変わります。

その過程で、「立場に関係なく、ざっくばらんに懸念点を出し合いたい」「古参メンバーのアドバイスを丁寧に聞いておきたい」「若手メンバーの疑問を払拭する場にしたい」など、チームのポテンシャルを活かした見たい光景を明確にします。

2 すり合わせ

たとえば、売上の低下について認識を合わせるミーティングであれば、とりあえずそれぞれのメンバーが考えていることを共有できればよいのか、解釈が一致するまで丁寧なやりとりをする必要があるのかによって、場の進め方は変わります。

その過程で、「原因を尚早に断定せずに、前提をじっくり問い直したい」「不安度が高そうなメンバーの意見を丁寧に聞いておきたい」「課題感を一致させたら、売上をあげるための前向きな話し合いに時間を使いたい」など、見たい光景を具体化します。

3 アイデア出し

必要なアイデアの量、求められる質、実現可能性、アイデアの形式、新規性などの期待値によって、場の目的のレベルが変わります。

その過程で「これまでとはまったく違う視点から発想したい」「普段はジャッジするだけの上司にも、挑戦的なアイデアを出してもらいたい」など、イメージしておきます。

4 意思決定

何かを決めるための手順は色々あります。いくつかの候補から責任者であるリーダーが選ぶのか、投票などの仕組みを使って多数決で決めるのか、全員が納得いくまで話し合って合意形成することを期待するのか。

望ましい決め方を検討しながら、チームとして「全員が決定事項に笑顔で納得できる状態にしたい」「実行することにワクワクする選択肢を選びたい」「多数決を使いながらも、少数派の意見を丁寧に拾いたい」などイメージしておきます。

5 フィードバック

下手をすると一方的に改善点を提示するだけの場になりがちです。上司から部下に対するクリティカルな評価の場であっても、「できるだけ自分の視点で振り返り、改善点を考えて欲しい」「パフォーマンスの評価はするが、その後のアクションは自分で決めて欲しい」など、相手のポテンシャルが尊重される光景を想像しておきます。

MANNERS 14

三角形モデルで観察メモを取り、見立てに活かす

「場の目的」と「見たい光景」を事前に想像したら、**あらかじめノートやメモ用紙に記載しておき、ミーティング中に常に意識しながら**進めます。

たとえば、新サービスの方針に関する「意思決定」のためのミーティングが翌日に予定されているとします。いくつかの方針のアイデアは出ているものの、全員が納得するアイデアは出ていません。話し合って納得解を決めることになっているものの、普段通り上司の顔色をうか

がって、上司の意向で結論が決まってしまうことが予想されます。

チームの隠れたポテンシャルに目を向け始めたあなたは、ある若手メンバーに注目していました。この若手メンバーは、普段は萎縮しているせいか、あまり積極的に意見はしません。しかしこれまでの発言の端々から、「ユーザーに対する想像力」がとても豊かである様子がうかがえました。この若手メンバーが積極的にユーザー目線の意見を述べて、現在のアイデアをブラッシュアップするディスカッションが活発になれば、「意思決定」の質があげられるかもしれません。これが、あなたが明日のミーティングで期待する「見たい光景」です。

これらをノートに記載して、実際にミーティングに臨みます。

もし実際のミーティングにおいて、前述した若手メンバーが特に発言をしないまま、いつも通りに上司が自分の意向で結論を決めようとしていたとしたら、いかがでしょうか。

事前に「見たい光景」を想像していなければ、「今日も誰も発言しないな」としか感じないかもしれませんが、今回は別です。「このままではまずい」と感じるでしょう。

さらに若手メンバーの表情にも目を向けてみましょう。彼らが顔をしかめていたら、あなたがすべきことは、明白です。若手メンバーの発言のハードルを下げるような質問をいますぐに組み立て、投げかけることです。

第4章で解説する「仮定法」で質問を組み立て、第5章で解説する「注意を引く」テクニックを使って以下のように投げかけてはどうでしょうか。

「○○さん。いつもユーザーの共感力が高くて感心しているのだけど、もし自分がユーザーだったとしたら、今回の方針に何か気になる点はないですか？」

以上のようにして「場の目的」「見たい光景」を事前に明確にしておくことで、当日の「現在の様子」の観察の鋭さは増していきます。三角形モデルを駆使して、見立ての精度をできる限り高めることを意識しましょう。

三角形モデルから、必要な変化を見定める

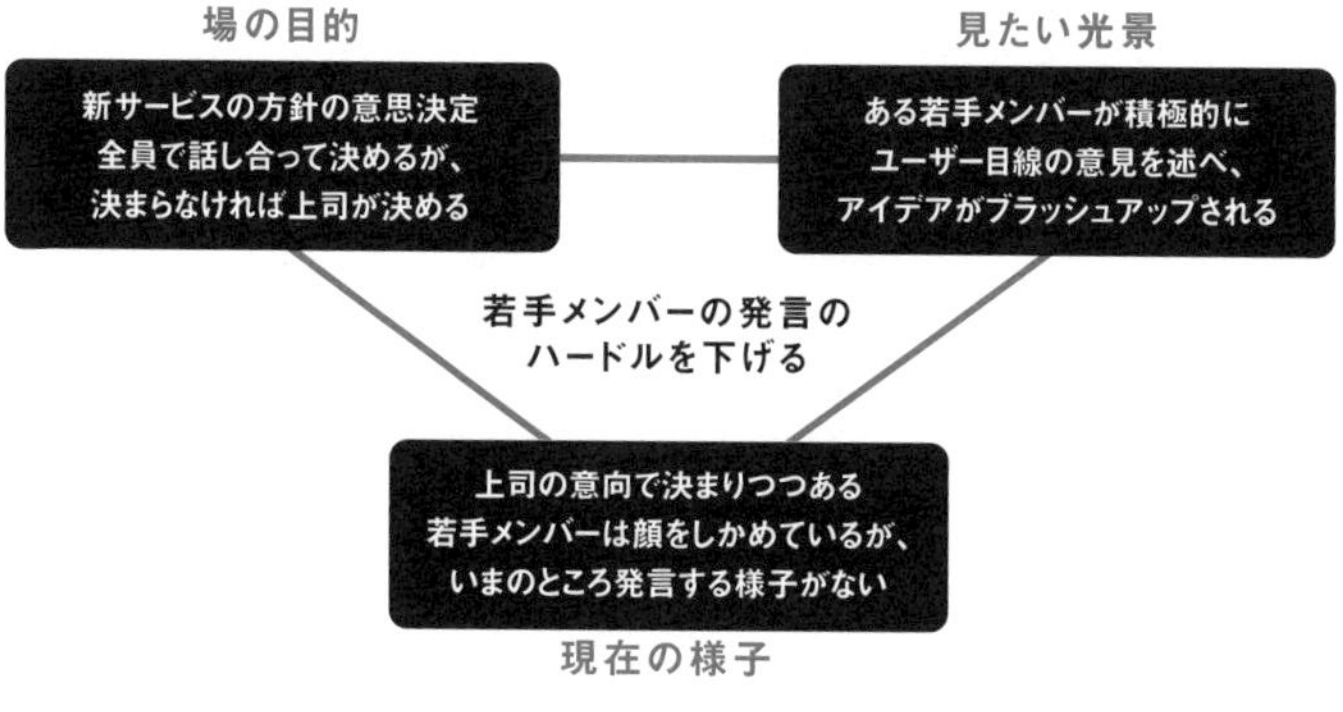
場の目的
新サービスの方針の意思決定
全員で話し合って決めるが、
決まらなければ上司が決める
見たい光景
ある若手メンバーが積極的に
ユーザー目線の意見を述べ、
アイデアがブラッシュアップされる
若手メンバーの発言の
ハードルを下げる
上司の意向で決まりつつある
若手メンバーは顔をしかめているが、
いまのところ発言する様子がない
現在の様子

MANNERS 15

３ヶ月後に見たい光景を想像する

１回のミーティングで変化を生み出せる手応えがなければ、設定する「見たい光景」は、もう少し長期的な設定でもかまいません。

たとえば四半期（３ヶ月）程度の期間をとってみてはいかがでしょうか。１回のミーティングでチームを変えることが難しくても、３ヶ月あれば、人とチームが成長して変化するには十分な期間です。

３ヶ月後の「見たい光景」を想像できれば、今度は1ヶ月後を想像します。１ヶ月間は、毎週の定例ミーティングや１ｏｎ１であれば、約4回のチャンスがあります。チームを揺さぶり、変化にトライするにはちょうどよい期間ではないでしょうか。

MANNERS 16

ときには場の目的を問い直し、変更を提案する

三角形モデルで見立てを繰り返していると、そもそも設定されているミーティングの場の目的の設定に違和感を覚える場面が出てくるかもしれません。

たとえば、ここ最近の定例ミーティングが、新商品のアイデア出しに時間が使われているけれど、本当はまず「すり合わせ」のためのミーティングを実施して、アイデアの価値基準やプロジェクトのビジョンを話し合うべきケースなどです。このような場合は会議の進行よりも、目的の設定から検討し直すべきです。

あなたにミーティングのアジェンダを決める権限がなくても、「アイデアを評価する前提がすり合っていない気がするのですが、どう思いますか？」「ビジョンをすり合わせるミーティングをしませんか？」とチーム全体に問いかけ、「場の目的」の変更を提案すればよいのです。

多くのチームでは、いま本当に自分たちが向き合うべき課題はなにか、そのためにどのようなプロセスでプロジェクトを進めるべきか、その見取り図が描かれていません。**目の前の状態を観察しながらも、チームや組織を俯瞰する視点も必要です。**

組織が置かれた問題の本質を見抜く課題設定の方法については、前著『問いのデザイン：創造的対話のファシリテーション』のＰａｒｔⅡ「課題のデザイン」に詳述しているので、よければそちらもあわせてご覧ください。

COLUMN

観察の能動態と中動態

本章で紹介した編集者の佐渡島庸平さんが『観察力の鍛え方』を出版された2021年9月頃、ちょうど私は本章の執筆の仕上げにかかっていたタイミングでした。佐渡島さんとはこれまでも何度か対談させていただいたことがあり、『観察力の鍛え方』にも拙著『問いのデザイン』を引用いただいていたことから、早速「観察力」をテーマにした対談イベントを企画させていただきました。その時の様子は、私が編集長を務めているウェブメディア『CULTIBASE』※に動画でアーカイブしているため、以下のURLからご視聴いただけます。

URL：https://cultibase.jp/book-review/8184/

※CULTIBASE（カルティベース）：https://cultibase.jp/

佐渡島さんは、何かを正確に「測定」したくなる欲求を抑えて、目の前の「あいまいさ」を受け入れることの重要性を説いていました。そのためには「すること（doing）」ではなく「いること（being）」に着目することが、大切なのだと言います。本書の文脈に引きつければ、ミーティング中のメンバーが「何をしているのか」ではなく「どう、この場にいるのか」を観察する。これは、ミーティングの「見立て」の作法としても非常に示唆的です。

対談を通して浮かび上がった私の仮説は、観察者側にも、「すること（doing）」と「いること（being）」の2つの観察のモードがあるのではないか、という考えです。

哲学者の國分功一郎氏は、著書『中動態の世界』のなかで、「する」と「される」で表現される能動態と受動態の二元論では説明できない「中動態」という言語形態が、インド・ヨーロッパ語族には存在することを指摘しています。

「すること（doing）」としての観察とは、いわば「能動的な観察」です。「私が観察する」のように、明確に主語と述語で表現できるような、意志を持った行為として捉えられます。本書で解説しているミーティングにおける観察も、これに該当します。

しかし私たちは、たとえば「何かに興味を持つ」ということが、意志にかかわらず自然と立ち現れてしまうのと同様に、何かを「観てしまっている」状態を日常的に経験しています。これこそが「いること（being）」としての観察であり、「中動的な観察」だと言えるでしょう。

本章でガイドラインとして示した「こだわりはどこにあるか？」といった問いは、理想的には、能動的な観察の場面で意識的に活用されるのではなく、いかなるときも世界をその視点から眺めてしまうような、中動的な観察の支えになっているべきなのでしょう。そのためには「どんな人にもポテンシャルがある」「必ず眠っているこだわりがあるはずだ」という信念を持っておくことが、大切なのかもしれません。

能動的な観察と中動的な観察

能動的な観察	中動的な観察
すること（doing）	いること（being）
凝視的	俯瞰的
動的	静的
武道における攻撃	武道における構え
任意発動	常時発動
状況に適応させる	状況に揺るがない

第4章

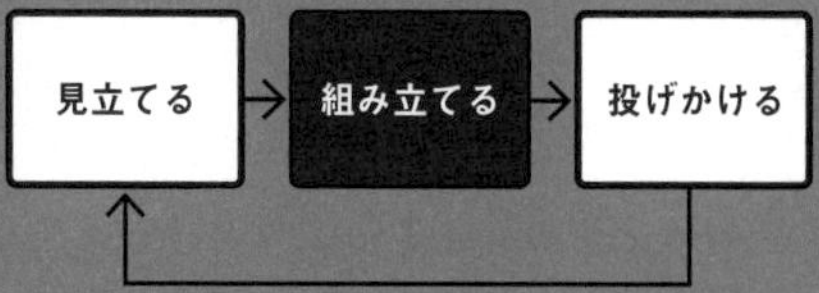

問いかけの作法❷
組み立てる

第４章では、問いかけのサイクルのうち、質問を「組み立てる」作法について解説します。

まずは、質問を組み立てる手順の全体像を解説します。設計の前提として、チームにおける自分の立場や、元々の芸風が影響することを考慮しながら、「未知数を定める」「方向性を調整する」「制約をかける」という手順で組み立てます。

つぎに、さまざまな場面で効果を発揮する質問の２つのモードと、鉄板の６つのパターンを紹介します。モードには、こだわりを深掘りする「フカボリモード」と、とらわれを揺さぶる「ユサブリモード」があり、それぞれ３つの型があります。

最後に、複数の質問を組み合わせてミーティングの「プロセス」を組み立てることで、よりダイナミックにチームに変化を生み出す考え方について解説します。

4-1

質問の組み立て方

MANNERS 01

即興的な問いかけと計画的な問いかけ

チームの状況について見立てたら、目標とする変化を生み出す具体的な質問を設計します。チームのこだわりを育み、とらわれを問い直すには、どのような質問が必要なのか。問いのスポットライトの光度や角度を調整する作業です。

問いかけには計画的なものと即興的なものがあります。

計画的な問いかけとは、見立てるフェーズにおいて分析した**「場の目的」や「見たい光景」に基づいて、ミーティングや１on１の前に、あらかじめ質問を準備しておく**やり方です。効果がありそうな質問をいくつかストックしておくと、余裕を持って問いかけることができます。

また、あなたがミーティングの責任者で、進行役を担当できるのであれば、**複数の質問を組み合わせてプログラムを組んでおく**ことも有効です。ミーティングの議題を自分ごとで考えてもらうための問いかけ、場を和ませる問いかけ、アイデアを発散させる問いかけ、結論を決めるための問いかけなど、複数の質問を組み合わせて、ミーティングの時間割を設計しておくのです。私がファシリテーターを担当する場合、半数以上はこのやり方で臨みます。複数の質問を組み合わせる技術については、本章の後半で解説します。

即興的な問いかけとは、あらかじめ準備しておいた質問を投げかけるのではなく、ミーティング当日の状況を観察することで**リアルタイムに「見立て」を行い、適切な質問をその場で組み立てて、投げかける**やり方です。準備に時間がかけられない分、よく練られた質問を組み立てる難易度はあがりますが、その場の状況にふさわしい問いかけをすることができます。事前にチームの状況やメンバーの心情が読めない場合や、想定していなかったトラブルに対応する場合には、即興的な問いかけに頼らなくてはなりません。

私はプログラムを計画的に用意しておいた場合でも、当日の見立てによってメンバーの衝動が発揮されていなかったり、場の目的と用意してきた質問がずれていると感じたりしたら、その場で即興的な問いかけに切り替えるようにしています。

いずれにせよ、質問を組み立てる際には、第2章で解説した基本定石を守りながら、望ましい変化をねらって、問いの設計に工夫を凝らしていきます。

問いかけの基本定石

1 相手の個性を引き出し、こだわりを尊重する
2 適度に制約をかけ、考えるきっかけを作る
3 遊び心をくすぐり、答えたくなる仕掛けを施す
4 凝り固まった発想をほぐし、意外な発見を生み出す

ただし、考慮しておかなければいけないいくつかの前提があります。質問を組み立てるテクニックの話に入る前に、そのポイントを押さえておきましょう。

その前提とは、以下の2つです。

1 チームにおける自分の立場や役職を考慮する
2 元々の自分のキャラクターや芸風に合わせる

MANNERS 02

前提①
チームにおける自分の立場や役職を考慮する

あなたが組織の経営層なのか、少人数のチームを統率するミドルマネージャーなのか、役職を持たないメンバーなのか、はたまた入りたての新人なのかなど、チームにおける立場や役職によって問いかけの意味合いや効果は変わってきます。

立場や役職が上であるほど、ミーティングのそもそもの目的や、時間の使い方を自由に変更しやすいというメリットがあります。もしあなたがトップマネジメント層なのであれば、まずは見立てに徹底的に時間をかけることによって、チームが「本当に向き合うべき課題」を設定するのが得策です。課題を適切に設定し、それに合わせてミーティングの目的と時間割を適切に組み立てることができれば、それだけで成果は約束されたようなものです。課題設定や場の目的の設定の筋が悪いミーティングにおいて、一生懸命問いかけの工夫をするよりも、手っ取り早く、効果的でしょう。

ただし、立場や役職が上であることのデメリットもあります。それは、**立場が上の人が下の人に問いかける場面では、あなたの意思や意図にかかわらず、トップダウン型の関係性を生み出してしまう**ことです。そして、あなたがチームの評価者であれば、なおさらです。

その場合、ミーティングの目的や時間割のコントロールがしやすい反面、立場が下のメンバーから忌憚のない意見を引き出す難易度は上がるかも知れません。立場が与える心理的な影響を考慮して、質問を組み立てる必要があります。

他方で、あなたがチームのなかで立場が下である場合には、ミーティングの目的の設定や、時間の使い方を自由に変更することはしにくいでしょう。ファクトリー型の価値観が染み付いた組織であれば尚更、上から与えられた課題設定のなかで試行錯誤をしなければならない点は、デメリットのひとつです。

しかし、立場が下であることのメリットもあります。経験の不足を逆手にとって、見えてきたチームのとらわれに対して、「素朴な疑問」をぶつけて揺さぶりをかけることは、マネージャーや経営層よりもトライしやすいかもしれません。また、周囲に心理的な脅威を与えずに、本音や思いつきの意見を引き出すことには、役職の無さが役に立つでしょう。

立場が上の人に問いかける際に気をつけなければならないことは、質問は**組織やチームに石を投げて攻撃する手段ではない**ということです。あくまで、上司も含めた「仲間」のポテンシャルを活かす手段として、自分の立場だからこそできる前向きな問いかけを模索してみましょう。

MANNERS 03

前提②
元々の自分のキャラクターや芸風に合わせる

あなたが普段からよく喋るのか、口数が少なめなのか。聞き役が得意なのか、自分から話して盛り上げるのが得意なのか。論理的に考えることを好むか、感情や直感を第一に考えることを好むか。ボケか、ツッコミか、など。元々の性格や特性によって、あなたが投げかける質問が周囲に与える印象や、場における意味づけは異なるものになるでしょう。

こうしたコミュニケーションスタンスの傾向を、私は「芸風」と呼び、以下のようなマトリクスに整理しています。「芸風」としている理由は、元々の性格に左右されながらも、経験やトレーニングによって後天的に学習可能なものだと考えられるからです。

縦軸は、「チームメンバーに対して自ら積極的に働きかけながら場を進行していくタイプ」か、あるいは「チームメンバーの考えていることに耳を傾け、それを受け止めながら場を進行していくタイプ」かを表しています。

横軸は、「話し合いを進めるうえで、論理的なコミュニケーションを重視するタイプ」か、あるいは「話し合いを進めるうえで、感情的なコミュニケーションを重視するタイプ」かを表しています。それぞれの象限の特徴は以下のようにまとめられます。

1 触発タイプ（働きかける×感情重視）

チームに前向きな空気をもたらし、衝動をくすぐることを好む。

2 提案タイプ（働きかける×論理重視）

チームに説得的な切り口を提案し、思考を促進することを好む。

3　共感タイプ（受け止める×感情重視）

メンバーの本音に耳を傾け、共感的に対話を深めることを好む。

4　整理タイプ（受け止める×論理重視）

メンバーの意見を客観的に受け止め、思考を整理することを好む。

はっきりとどれかに当てはまる人もいれば、たとえば「職場では共感タイプに徹しているが、仲の良い友人と一緒にいるときは触発タイプ」など、状況によってスタンスを切り替えている人もいるでしょう。

本書はあなたの職場のチームのポテンシャルを活かすためのものですから、基本的には職場のミーティングや飲み会など、チームメンバーとのコミュニケーションの

コミュニケーションスタンスの違い

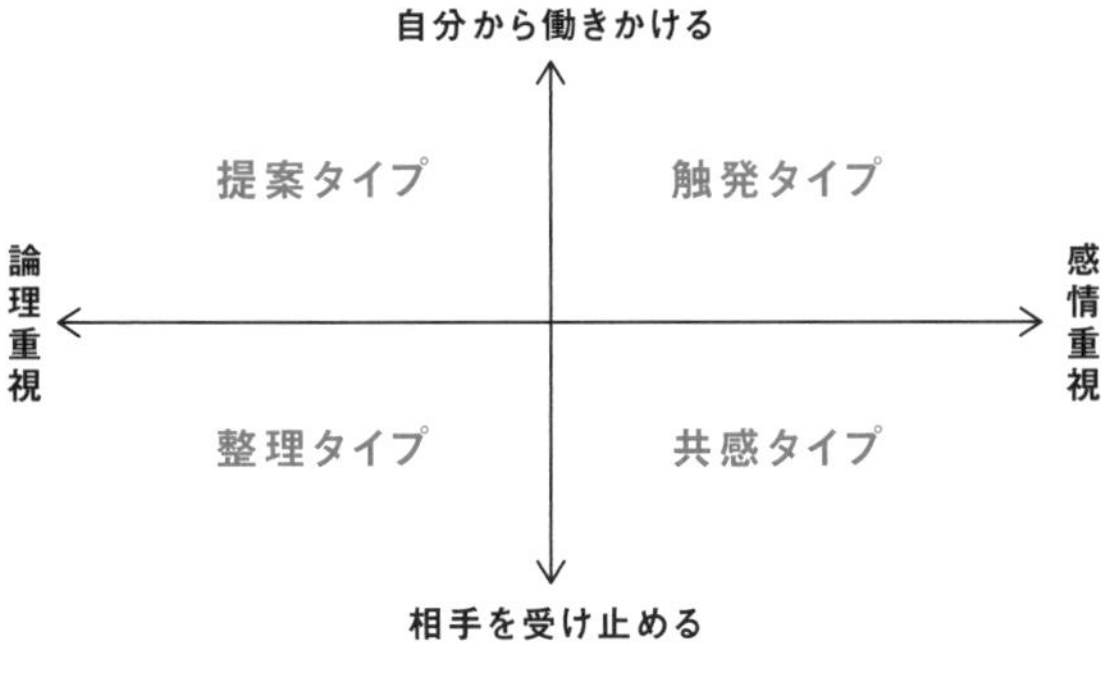

時のふるまいを想像して、どのタイプかを判断するとよいでしょう。

ちなみに注意点として、経験値が少なく自信がないときほど、自分の元々のタイプとは真逆の象限に「憧れ」を抱き、無理をして問いかけをしてしまう傾向があります。

私自身は、左上の「提案タイプ」で、場に切り口を提案していくアプローチを得意としています。しかしミーティングのファシリテーションを任せてもらえるようになった20代の頃は、「ファシリテーターは聞き上手で、共感力が高くなければならない」「和やかな雰囲気を演出しなければ」と思い込んでいた時期がありました。今では無理に苦手なスタンスを取ろうとせずに、自分らしく自然な問いかけをすることを意識しています。

場の目的や、チームの症状によっては、自分の芸風にとって苦手な問いかけが必要な場面もあるでしょう。自分にとって苦手なアプローチは、即興的な問いかけの場面では、なかなかすぐには出てきません。したがって、苦手なアプローチが必要なときこそ、事前に準備をきちんとして、質問のストックを用意しておけると安心です。

MANNERS 04

質問を組み立てる3つの手順

自分自身の立場や芸風を頭の片隅に置きながら、具体的に質問を組み立てます。前段の見立てのフェーズで仮説を立てた「必要な変化」を起こすべく、望ましい反応を促進するための質問を設計します。

以下の手順に従って、質問を組み立てるとよいでしょう。

質問を組み立てる手順

手順1　未知数を定める
手順2　方向性を調整する
手順3　制約をかける

手順1　未知数を定める

何を明らかにするための質問なのか。相手に何を尋ねたいのか。ライトによって照らしたい未知数を決めるところから始めます。

(例)チームにおいて曖昧になっていた「自社サービスの提供価値」を未知数に定める

手順2　方向性を調整する

質問の主語のレベルや、質問が示す時間軸を調整します。

(例)「あなたはこれから自社サービスでどんな価値を提供していきたい？」(個人主語×未来の願望を探る方向性)

(例)「これまでユーザーは自社サービスのどんな価値を評価してきた？」(サービス主語×過去の歴史を探る方向性)

手順3　制約をかける

基本定石で解説した通り、相手の意見を引き出すためには適度な制約が必要です。

（例）「あなたは3年後に自社サービスでどんな価値を提供していたい？」（時間的範囲の制約）
（例）「これまでユーザーが評価してきた自社サービスの価値を3つあげるとしたら？」（答え方の制約）

このように、大雑把に未知数を定め、主語等の方向性を調整し、適度な制約をかける。これが、基本的な手順です。以下、それぞれの手順の考え方をより丁寧に解説します。

MANNERS 05

質問を組み立てる手順①
未知数を定める

定める未知数は、事前の見立てる段階の仮説が手がかりとなります。具体的なケーススタディを通して考えてみましょう。

「健康的な美しさ」をスローガンに掲げるヘルスケア領域の消費財メーカーY社は、自社のロングセラー商品に対して、競合他社がここ数年、独創的な新商品をぶつけてきていることに脅威を感じていました。

そこで、社内の研究開発部門とマーケティング部門からメンバーを出し合って、リニューアルプロジェクトのためのチームを組成し、アイデアの検討を始めました。ロングセラー商品として築き上げてきた既存のブランド基盤を損なわない程度に、マンネリを打破するような画期的なリニューアルコンセプトを打ち立てることが目的です。

そして、各部門の課題認識のすり合わせや、試験的なアイデア出しのミーティングを通して、プロジェクトの方向性を探ってきました。けれども、これまで地道に研究開発を続けてきたことがブランドの競争優位性を支えていたため、どうしても研究開発部門に長く在籍するシニアメンバーが主導権を握りがちです。マーケティング部門の、特に若手メンバーは、プロジェクトに対してやや受動的な態度を示していました。

既存のブランド基盤を守りながらも、これまでにないアップデートをかけるためには、研究開発部門の専門知だけでなく、ライフスタイルの変化に敏感なマーケティング部門の若手メンバーの固定観念にとらわれないアイデアが必要です。

しかしながら、アイデア出しのミーティングを繰り返しても、研究開発部門のメンバーは既存技術の延長線上にあるような既視感のあるアイデアをふせんに書き連ねるばかり。マーケティング部門のメンバーからは、そもそもあまりアイデアの数が出ません。

リニューアルプロジェクトの軸には、これまで自社が大切にしてきた「健康的な美しさ」というキーワードがあるようで、ミーティングでもたびたび飛び交っています。しかしどうやらマーケティング部門の若手メンバー

消費財メーカーの状況

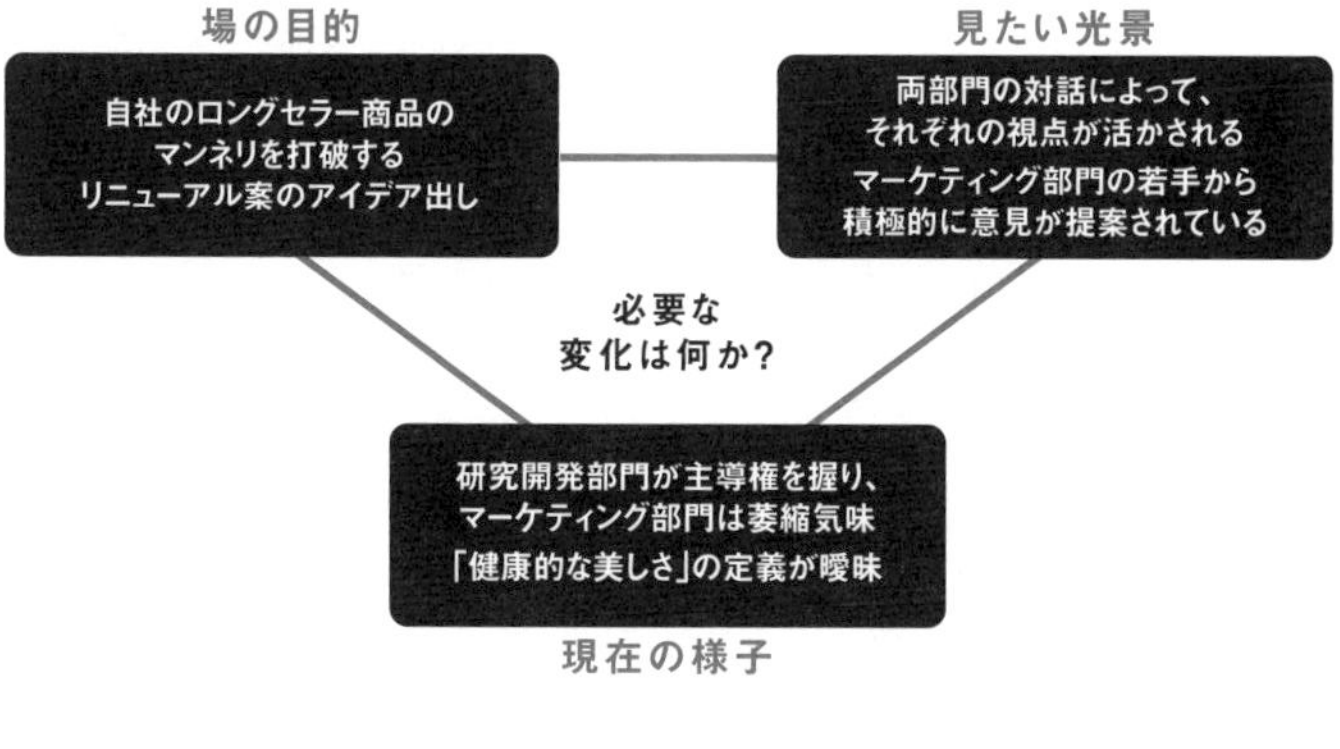
場の目的
自社のロングセラー商品のマンネリを打破するリニューアル案のアイデア出し
見たい光景
両部門の対話によって、それぞれの視点が活かされるマーケティング部門の若手から積極的に意見が提案されている
必要な変化は何か？
研究開発部門が主導権を握り、マーケティング部門は萎縮気味「健康的な美しさ」の定義が曖昧
現在の様子

には、入社時から聞かされ続けてきた「健康的な美しさ」というワードが、そもそもピンときていないようです。

この状況を、三角形モデルに見立てると、前ページのようになるでしょう。

◎チームの目指す方向性に未知数を置く

では、この状況において、何を未知数に設定すると、チームを前進させる質問が組み立てられるでしょうか。

素直なアプローチは、**「場の目的」や「見たい光景」として設定した言葉を質問の未知数に置いてしまう**方法です。今回の例でいえば、リニューアル案やマーケティング目線のアイデアなどを未知数にして、以下のような質問をベースにするのです。

「マンネリを打破するためには、**どのようなリニューアル案がよいか？**」
「**マーケティング目線を活かした**、リニューアルのアイデアとは？」

ただし、これではすでに共有されているミーティングの目的を反芻しただけです。このような「直球」の問いかけで変化が生み出せるのであれば、苦労はしません。チームの目指す方向を素直に未知数に置く場合は、後に続く「手順②　方向性を調整する」「手順③　制約をかける」のステップにおいて工夫を凝らす必要があるでしょう。

先に手を加えた例を出してしまうと、たとえば以下のようなアレンジが考えられます。

「これまで商品において、マンネリの要因になっている要素は何か？」
「技術の仕様は変えずに、ユーザーにとっての提供価値を劇的に変えるには？」

以上が、「場の目的」や「見たい光景」を軸に、素直に未知数を設定するやり方です。方向性や制約で工夫を凝らす必要性はありますが、チームが本来の目的を見失って、進捗が停滞しているときには、このようなアプローチも有効です。チームが目指している方向性に光を照らすことで、チームが同じ方向に前進する力を取り戻せるからです。

◎定義されていないキーワードを未知数にする

今回のケースでは、現場の観察によって「『健康的な美しさ』というキーワードが頻出しているが、定義が曖昧で、基準がすり合わされていない」という重要な手がかりを得ています。

この「健康的な美しさ」という言葉は、このチームにとって大切にしている「こだわり」の言葉のようですが、「未定義の頻出ワード」でもあり、チームのポテンシャルを抑制する「とらわれ」の可能性もあります。

チームの目指す方向性がはっきりしているのに、なかなか前に進めない場合、チームの根底にある「こだわり」が曖昧ではっきりしていないか、余計な固定観念が「とらわれ」としてズレを生み出しているのか、どちらかの場合が大半です。

結局のところ、**うまく言葉になっていない「こだわり」らしきものに未知数を定めて深掘りするか**、**足かせになっている懸念がある「とらわれ」らしきものに未知数を定めて揺さぶりをかけるか**、どちらかのアプローチが有効な場合が多いのです。

今回のケースでは「健康的な美しさ」というキーワードを未知数に置いて、ベースとなる質問を組み立ててみます。

定義されていないキーワードを未知数に置く場合は、疑問詞「Ｗｈｙ（なぜ？）」「Ｗｈａｔ（なに？）」を活用したシンプルな質問形式が有効です。

「『健康的な美しさ』が**なぜ**重要なのか？」（Ｗｈｙ型）
「『健康的な美しさ』とは**なにか**？」（Ｗｈａｔ型）

「Ｗｈｙ（なぜ？）」を軸にした質問は、「健康的な美しさ」の**意義**を尋ねることで、この言葉が、チームにとって大切な「こだわり」なのか、形骸化した「とらわれ」なのかを確認することができます。さらにもし「とらわれ」だった場合は、「目的の形骸化」や「認識の固定化」を揺さぶる質問としても作用するでしょう。

「Ｗｈａｔ（なに？）」を軸にした質問は、「健康的な美しさ」の**定義**を尋ねることで、一人ひとりのメンバーの背後にある価値観の内省を促します。

健康とはなんだろうか。美しさとはなんだろうか。自分の価値観を振り返り、お互いの考えを共有することで、それぞれのメンバーが根底にどんな基準を持っていたのか。前提のずれはどこにあったのか。

現代病である「関係性の固定化」を解きほぐし、お互いの理解を深める対話的なコミュニケーションが期待できます。

MANNERS 06

質問を組み立てる手順②

方向性を調整する

未知数が定まったら、質問の方向性を調整します。質問を方向づける軸は大きく2つあり、それは「主語」と「時間」です。

まずは、質問を投げかけられた相手が、何を「主語」にして考えてほしいのかを検討します。

同じような未知数の質問であっても、主語によって相手の反応に大きな影響を与えます。

たとえば、「この会社をよりよくするために、必要な変化とは？」という質問をベースの例として、以下の4つのサンプルを考えてみましょう。

「この会社をよりよくするために、**あなた**はどう変わるべきか？」
「この会社をよりよくするために、**チーム**はどう変わるべきか？」
「この会社をよりよくするために、**組織**はどう変わるべきか？」
「この会社をよりよくするために、**社会**はどう変わるべきか？」

いずれも、この会社に「どのような変化が必要か」を未知数としています。けれども、相手に期待する主語の抽象度やレベル感が違うだけで、印象や浮かんでくる発想はだいぶ異なりませんか？　質問の主語は、ライトの角度に大きく影響するのです。

◎主語の抽象度を高めて、チームの視座を引き上げる

主語の抽象度をあげればあげるほど、問いかけられた相手の視座をあげ、俯瞰的な発想を促進する効果があります。

もしチームメンバーの視点が、自分の業務や手段に閉じていて固定観念が形成されていたり（認識の固定化・目的の形骸化）、各人が自分のことばかり考えて前提にズレが生じていたりした場合（関係性の固定化）には、主語を「チーム」や「組織」に引き上げた質問を組み立て、同じ視点から対話するコミュニケーションを促進するとよいでしょう。

第1章で紹介した「3人のレンガ職人」の例でいえば、「ひたすらレンガを積む」という個人作業に視座が落ちているメンバーに対して「私たちは、なぜレンガを積むのでしょうか？」「この会社は、レンガを通して誰にどんな価値を提供しているのでしょうか？」などと主語のレベルを変えた質問をすることで、揺さぶりをかけていくイメージです。

さらに視座をあげたいときは、主語を「社会」まで上げると、組織を超えた俯瞰的な視点を促すことができます。それではかえって現実性がなくなってしまう場合は「市場」「生活者」「ユーザー」など、組織外の他者を主語に設定すると、異なる視点に転換できます。

◎主語を個人にすることで、自分ごと化を促す

逆に、チームメンバーが問題の原因を「組織」あるいは「社会」に帰属させ、他責的になって主体的に試行錯誤できなくなっている場合は、**あえて主語を「あなた」に下げて、自分ごとで考える機会を作る**ことが必要かもしれません。

ただし、会社のために「あなたはどう変わるべきか?」という聞き方は、これ自体が他責的で、やや高圧的です。あなたがチームのマネージャーであれば、相手は詰問されているように感じるかもしれません。

問いかけの基本定石「定石①　相手の個性を引き出し、こだわりを尊重する」「定石③　遊び心をくすぐり、答えたくなる仕掛けを施す」に則って、少しだけアレンジを加えてみると、意

見を引き出しやすくなるでしょう。

「この会社をよりよくするために、あなたがやってみたい挑戦はありませんか？」
「この会社をよりよくするために、あなたにできるちょっとした工夫はありますか？」
「この会社をよりよくするために、あなたらしい改革を起こすとしたら？」

あるいは、主語を無理に「あなた」にしなくても、少しだけ和らげて、「私たち一人ひとり」などとすると、自分ごとで考える視点を維持しながらも、だいぶ印象は変わります。

「この会社をよりよくするために、私たち一人ひとりにできることは？」

このように、**質問の主語のレベルは、相手に与える印象や視点に大きな影響を与えます。**たとえベースの質問が『健康的な美しさ』とはなにか？」に定まった

主語のレベルの調整

としても、「あなたに必要な『健康的な美しさ』とは？」とするべきなのか、「この社会に必要な『健康的な美しさ』とは？」とするべきなのか。自分ごとで考えて欲しいのか、チームの目線で考えて欲しいのか、それとも組織や社会など俯瞰的な視座を持って欲しいのかによって、主語のレベルを調節するのです。

◎過去を振り返るか、未来を見据えるか

質問を方向づけるもうひとつの軸は、「時間」の設定です。チームは「過去」を振り返ったほうがよいのか、「現在」に向き合うべきなのか、それとも「未来」を見据えるべきなのか、検討します。

忙しい日々の中で行われるチームのミーティングや１ｏｎ１の話し合いは、自然と「現在」の話題になりがちです。じっくり「過去」を振り返ったり、ちょっと先の「未来」に思いを馳せたりする時間は、あまり取れません。普段とは異なる変化を生み出すためにも、時間軸の設定を意識すると、質問の幅が広がります。

前述した「主語のレベル」の視座の高低を表した縦軸に、時間軸を横軸として挿入することで、質問の方向性は次ページのマトリクスに整理することができます。

組織・社会×過去＝歴史

組織や社会の過去を振り返ることは、「歴史」に目を向けることです。あまり普段の仕事のなかで、自分の会社や世の中の歴史について調べることはないと思いますが、歴史的なルーツとしてのきっかけや変遷について振り返ることは、自分たちの「こだわり」と「とらわれ」を見つめ直すうえで参考になります。


(例)「なぜこの会社は、『健康的な美しさ』にこだわるようになったのか？」

(例)「これまでこの会社は、『健康的な美しさ』にどのように向き合ってきたのか？」

(例)「世の中における『美しさ』の価値観はどう移り変わってきたか？」

組織・社会×未来＝ビジョン

組織や社会の未来を見据えることは、「ビジョン」について構想することです。会社のビジョンと言われてもピンとこなければ、部署やチームにとってのビジョンでも構いません。チームで働く意義とは、個人の力では生み出せない大きな価値を、集団の力によって生み出せる点にあります。どんな未来を目指して目の前の仕事に取り組むのか、存在目的にライトを当てようとすることは、チームの活力になります。

(例)「私たちが理想とする『美しさ』とは?」
(例)「10年後の『健康』はどのようなものになっているか?」

個人×過去=経験

個人の過去を振り返ることは、メンバーの「経験」にライトを当てることです。大切だからといって「歴史」や「ビジョン」のような大きな視点だけを行き来していると、だんだんと自分ごとではなくなっていくリスクもあります。自分がこれまで見聞きしてきた経験は、自分

質問の方向性のマトリクス

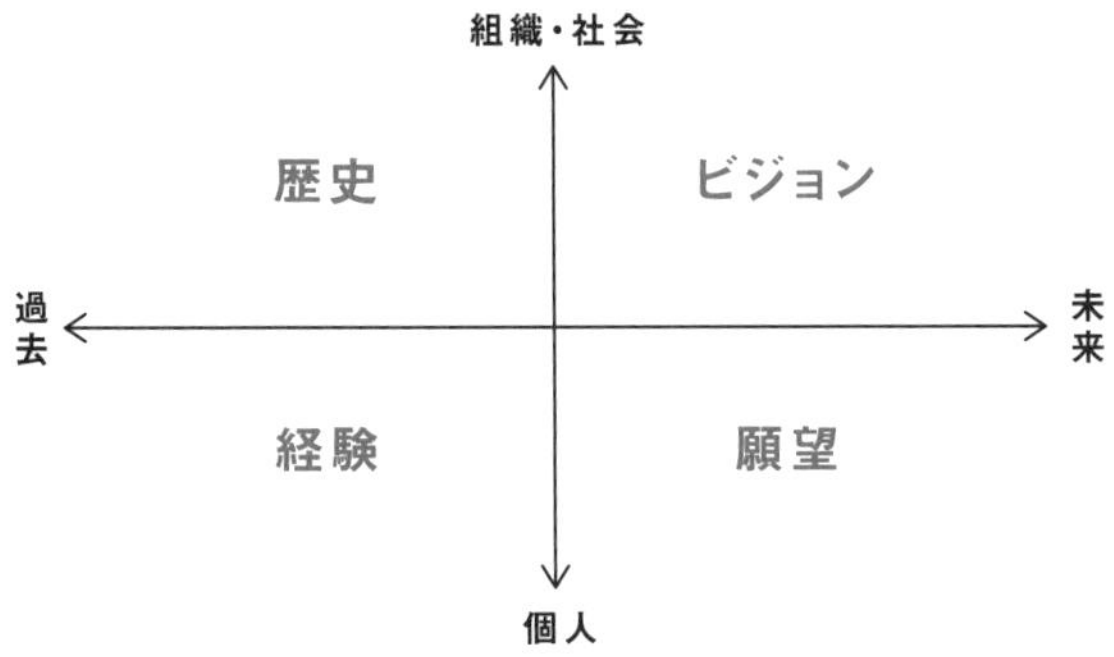

にとって最も身近で、リアリティを感じやすい素材です。自分ごとである感覚が消失したときは、各自の経験に立ち返ることが有効です。

（例）「あなたがこれまで『健康的で美しい』と感じた商品やサービスは、どのようなものがありますか？」

（例）「あなたがこれまで最も健康を害した経験は？」

個人×未来＝願望

個人の未来を見据えることは、社会や組織のあるべき論から切り離された「私はこうしたい」「私はこうなっていきたい」といった「願望」のようなものです。ビジョンを考える前段階として、個人の視点から未来を考えるきっかけを作ることも重要です。

（例）「あなたが老後にも持っていたい『美しさ』とは？」

必ずしもどれかに押し込める必要はありませんが、変化に必要なベクトルを調整します。

MANNERS 07

質問を組み立てる手順③
制約をかける

質問を組み立てる最後の工程は、**適切な制約をかける**ことです。

質問をされた相手は、質問によって照らされた未知数に答えを出すために、考えを巡らせます。その際、第2章の「問いかけのメカニズム」で解説した通り、記憶、記録、知識、外部の情報、価値観など、答えを出すために必要な手がかりを探索します。

質問に制約をかけることは、この探索のプロセスや範囲をおおまかに指定することです。具体的に、以下の4つのテクニックが有効です。

制約をかけるテクニック

1　トピックを限定する

2 形容詞を加える
3 範囲を指定する
4 答え方を指定する

これらのテクニックについて解説するにあたって、制約の弱い質問を題材に考えていきましょう。たとえば、会社の働き方をリモートワークに切り替えたいが、なかなか切り替わらずに困っていたとします。そのための具体的な施策をチームのミーティングで話し合うときに、投げかける質問を思い浮かべてみてください。

「リモートワークを推進するために、どうすればよいと思いますか?」

この質問は、「リモートワークを推進する」という前提が示されているだけで、なんでもよいから意見が欲しい、という非常に制約のゆるい質問です。主語が省略されているため、個人の工夫から考えることもできるし、会社の制度について考えることも許容されています。

探索の範囲が広大で、自由に考えられる利点がある一方で、一人ひとりの意見の方向性がバラバラになり、チームでの話し合いは散漫なものになる可能性があります。

◎トピックを限定することで、思考を焦点化する

制約をかける1つ目のテクニックは、**トピックを絞ることで、考えるポイントを1点に集中させる**方法です。元の質問では、思い浮かぶトピックが無数にありましたが、たとえば「社内規定」「ツール支援」など、あらかじめ話題を限定するのです。

「リモートワークを推進するために、どんな**社内規定**が必要だと思いますか？」
「リモートワークを推進するために、どんな**ツール支援**が必要だと思いますか？」
「リモートワークを推進するために、どんな**交流機会**が必要だと思いますか？」

質問に具体性が生まれることで、相手は考えやすくなります。アイデア出しのミーティングの場面でも、チームの意見が分散することを防ぎ、意見をまとめやすくなります。

他方で、**トピックが狭すぎると、かえって話しにくくなる**リスクもあります。リモートワークの推進と聞いて、頭には社内規定や交流機会のアイデアが浮かんでいたにもかかわらず「ど

んなツール支援が必要ですか？」と聞かれたら、話したいことが話せず、窮屈な場になりかねません。チームにおけるあなたの立場や役職が上であれば、トップダウン感を助長し、かえって「衝動の枯渇」につながる恐れもあります。

また、**質問をするあなた自身にも、「とらわれ」がないとは限りません。**偏った視点からトピックを限定することで、チームの思考をあなたのとらわれに閉じ込め、本当に重要なトピックにライトが当たらなくなってしまうリスクがあります。

常に本当に重要なトピックを選択できているだろうか？　と慎重に検討することを忘れてはいけません。心配であれば、トピックを絞る前に、チームから合意を得るとよいでしょう。

たとえば「リモートワークの推進について考えるにあたって、今日のミーティングでは社内規定に絞って考えたいと思いますが、よろしいですか？　他に話したいトピックはありませんか？」などと問いかけ、質問の制約のかけ方の合意を得るのです。

トピックの限定をうまく活用できると、チームの固定観念を揺さぶる手段としても使えます。

たとえば、チームの話し合いが「オンライン上の施策」ばかりに閉じていると感じた際に、あえて、「とらわれ」の外側の話題を、トピックとして挙げるのです。

「リモートワークを推進するために、オフィスの役割はどうすべきだと思いますか？」

というふうに「オフィス」というトピックにあえて焦点を当てることで、オンライン上の施策ばかり話していたチームメンバーは「そういう考え方もあったのか」と気がつくことができ、チームの発想に揺さぶりをかけられるかもしれません。

◎形容詞を加えることで、内省と対話を促す

制約をかける2つ目のテクニックは、**質問に形容詞を加える**ことです。「良い」「豊かな」「美しい」「楽しい」「新しい」「便利な」など、価値を表す形容詞を使って、質問に味付けするのです。トピックの限定と同じくらい、簡単に質問の効果を高められる使いやすい方法です。また、トピックの限定と組み合わせて使うことも可能です。

たとえば、前述した「リモートワークを推進するために、どうすればよいと思いますか？」という質問に、形容詞を加えてアレンジしてみましょう。

「リモートワークを**楽しく**するために、どんな社内規定が必要だと思いますか？」
「リモートワークを**快適**にするために、どんなツール支援が必要だと思いますか？」
「リモートワークを**豊か**にするために、どんな交流機会が必要だと思いますか？」
「リモートワークにおける、**これまでにない新しい**オフィスの役割とは？」

質問の前提や未知数に形容詞を加えることで、質問に新しいニュアンスが生まれます。

また、定めた未知数に、すでに形容詞が含まれている場合もあるでしょう。前述したヘルスケア領域の消費財メーカーY社の「健康的な美しさ」の例がそうです。このような場合は、**別の意味合いを持った形容詞にニュアンスを変更してみる**ことも、効果的です。

「『**健康的でない**美しさ』とはどんなものでしょうか？」
「『**真似したくなる**美しさ』とはどんなものでしょうか？」

私がよく活用するテクニックは、ポジティブな形容詞と、ネガティブな形容詞を対で用意して、それぞれの具体例を質問したり、それらの境界線を質問したりするやり方です。

「健康的な美しさと、健康的でない美しさを分けるものとは？」
「真似したくなる美しさと、真似したくない美しさとはそれぞれどんなものですか？」

メンバーの発想が似通っていたり、対話が堂々巡りになって着地できなくなっていたりする際に、思考の解像度を高めて、コミュニケーションの幅を広げる手段として有効です。

このように、形容詞を活用することで、質問に価値基準に関わる制約をかけることができます。こうした質問は、答えようとする過程で、自然と価値観を内省し、チームメンバー同士の価値基準のすり合わせが発生するため、対話の機会にもつながります。

◎探索の範囲を指定して、過度な発散を防ぐ

制約をかける3つ目のテクニックは、**質問の探索の範囲を指定する**ことです。時期や期間などの時間的な制約を加えるのが、やりやすい方法です。

たとえば、チームの働き方について以下のような質問があったとします。

「リモートワーク推進で実現できる、あなたの理想的な未来の働き方とは？」

主語を個人に合わせて、未来に方向づけているため、質問の具体性は高いように見えます。しかし「未来」と言っても、数ヶ月後なのか、3年後なのか、あるいは5年後や10年後なのか、人によって想像する時間設定は異なります。

数ヶ月後を想像した人は、「子育てと両立できる」など、身近なライフスタイルを想像するかもしれません。3年後を想像した人は、「今すぐには無理だけど、あの地域に移住したい」などと、中期的な人生展望に重ねて考えるかもしれません。さらに先の未来を想像した人は「人見

知りなので、3Dのバーチャルオフィスで、アバター同士でコミュニケーションできる未来が理想だ」などと妄想を繰り広げるかもしれません。

これはこれで、個性が見えて興味深いですが、思考の分散を防ぐのであれば、改めて以下のように時間的な制約を設定しておいたほうがすり合わせはしやすくなります。

「リモートワーク推進で**3年後**に実現したい、あなたの理想的な未来の働き方とは？」

◎答え方を指定して、発散と収束をサポートする

制約をかける4つ目のテクニックは、**質問に対する答え方を指定する**ことです。

たとえば、「リモートワークを楽しくするために、どんな社内規定が必要だと思いますか？」という質問に、以下のように答え方を指定されると、印象が変わります。

「実際の**社内規定のフォーマット**で、文面の原案を作ってください」

「5分間とるので、思いつくアイデアを**すべてふせんに書き出して**ください」
「**1つだけ挙げる**としたら、いま何が思い浮かびますか？」
「最終的に社内規定を**3つに絞る**としたら、何を掲げますか？」
「じっくり考え、来週のミーティングで**10分間のプレゼン**をしてください」

このように、質問に答えるためのフォーマット、所要時間、答えの個数などに制約をかけることで、相手の反応の仕方を変えることができます。

思考には、大きく分けると「**発散**」と「**収束**」と呼ばれる2つのモードがあります。

発散：質問に関連する手がかりを幅広く検討していく思考
収束：質問に対する答えを絞り込み、結論に迫っていく思考

このどちらをサポートしたいのかによって、答え方の指定は変わってきます。

発散をサポートしたい場合には、**気軽に意見を交わせるような制約**がよいでしょう。たとえ

ば「1つだけ挙げるとしたら、いま何が思い浮かびますか?」とアイデアを提案するハードルを下げたり、「5分間とるので、思いつくアイデアをすべて付箋に書き出してください」と発散を直接的に促したりすることも有効です。

収束をサポートしたい場合には、少しプレッシャーをかけて、**吟味された答えを期待するような制約**が効果的です。「実際の社内規定のフォーマットで」「最終的に社内規定を3つに絞るとしたら」は、きちんとしたものを作らなければ、と思わせるような重たい制約です。ある程度思考が発散した段階であれば、このような重ための制約に着地していくのもよいでしょう。

発散も収束も含めて自分のペースで質問に向き合って欲しい場合には、あえて所要時間を長めにとって「じっ

発散と収束

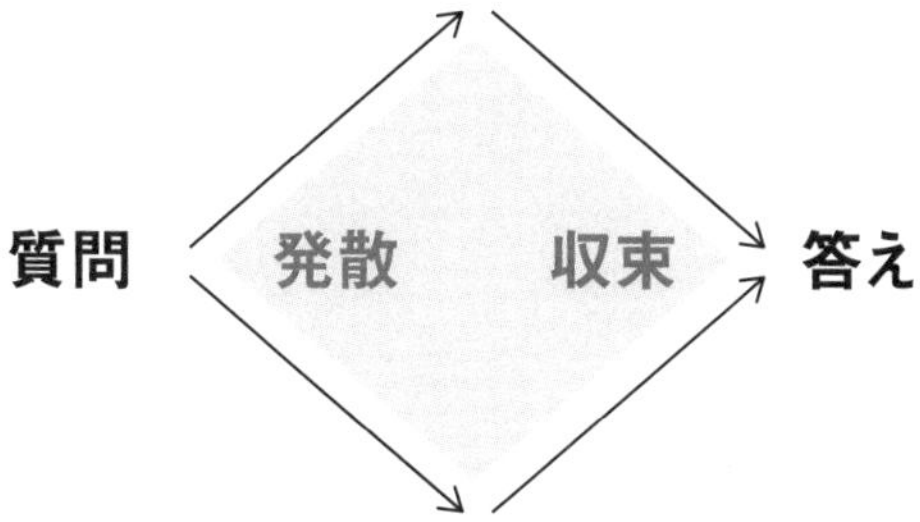

くり考え、来週のミーティングで10分間のプレゼンをしてください」といった指定で丸投げするのも、よいのかもしれません。ただし、いい具合に発散し、期間内に納得解に収束できるかどうかは、相手次第となります。

◎慣れないうちは、ゆっくり組み立てる

ここまで、質問を組み立てる3つの手順について解説してきました。工程を細かく分解して解説したことによって、人によっては「考えることが多すぎる」と大変に感じているかもしれません。

慣れないうちは、すべてのミーティングで問いかけの工夫を凝らそうとせずに、特に成功させたい重要なミーティングに絞って行うとよいでしょう。特にチームのポテンシャルを発揮させたい場にねらいをつけて、そのミーティングのために入念に準備をして臨むのです。いきなり「即興的な問いかけ」を狙わずに、最初のうちは事前に見立てと組み立てにじっくり時間を使って「計画的な問いかけ」の質をあげることを目指してください。

私自身も、最初のうちはひとつのミーティングの質問を組み立てるのに、何日間も、場合によっては何週間も時間をかけていたこともありました。料理と同じで、ゆっくり時間をかけてできないことを、いきなり素早くやることはできません。最初のうちはレシピを見ながら、ひとつひとつの工程を丁寧にやる必要があります。

けれども慣れてくると、目分量でも、味が整うようになっていきますよね。それと同じで、「計画的な問いかけ」を繰り返しているうちに、次第に現場の違和感をその場で察知して、サッと未知数にあたりをつけたら、方向性や制約を整えて、その場で投げかける。そんなことを瞬時にできるようになっていきます。

料理に慣れた人が、冷蔵庫を開けて、目に入った余り物から「今日のメニューはこれにしよう」とすぐに思い浮かぶように、問いかけの練習を重ねていくうちに、いつしか「即興的な問いかけ」も苦じゃなくなっていくはずです。

とはいえ、献立に困ったときの「唐揚げ」や「カレー」のように、問いかけにおいてもどんな場面でも使い勝手の良い、鉄板のパターンは存在します。次節からは、困ったときに積極的に頼りたい、汎用的に活用できるパワフルな質問のパターンを6つ紹介します。

4-2

質問の精度をあげる「フカボリ」と「ユサブリ」

MANNERS 08

フカボリモードとユサブリモードを使い分ける

パワフルな質問の鉄板パターンの前に、私が「フカボリモード」と「ユサブリモード」と呼んでいる、2つの問いかけのモードの違いを紹介しておきましょう。この2つのモードの違いを理解し、場の状況に合わせて、フカボリ（深掘り）とユサブリ（揺さぶり）のどちらのモードが必要かを見定めるだけでも、質問の精度があがります。

フカボリモード

フカボリ（深掘り）モードとは、チームの暗黙の前提、共通の価値観、一人ひとりの考えていることが曖昧で、**チームの根底にある「こだわり」がはっきりせずぼやけているときに、解像度を高める**ためのモードです。場の前提を確認したり、一人ひとりの中に眠っている個性や価値観を引き出したりするモードです。汎用性の高い質問の型として、「素人質問」「ルーツ発掘」「真善美」という3つのパターンがあります。

フカボリモードの質問の型

1 素人質問：みんなの当たり前を確認する

2 ルーツ発掘：相手のこだわりの源泉を聞きこむ

3 真善美：根底にある哲学的な価値観を探る

ユサブリモード

ユサブリ（揺さぶり）モードとは、**固定観念や価値観のズレなどの「とらわれ」が見えてきたときに、揺さぶりをかけて、新しい可能性を探る**ためのモードです。染み付いた言葉遣いを変えたり、発想の視点を転換したり、固定観念を直接的に破壊したりすることで、とらわれを打破するモードです。汎用性の高い質問の型として、「パラフレイズ」「仮定法」「バイアス破壊」という3つのパターンがあります。

ユサブリモードの質問の型

1 パラフレイズ：別の言葉や表現に言い換えを促す

2 仮定法：仮想的な設定によって視点を変える

3 バイアス破壊：特定の固定観念に疑いをかける

2つのモードと6つの質問の型

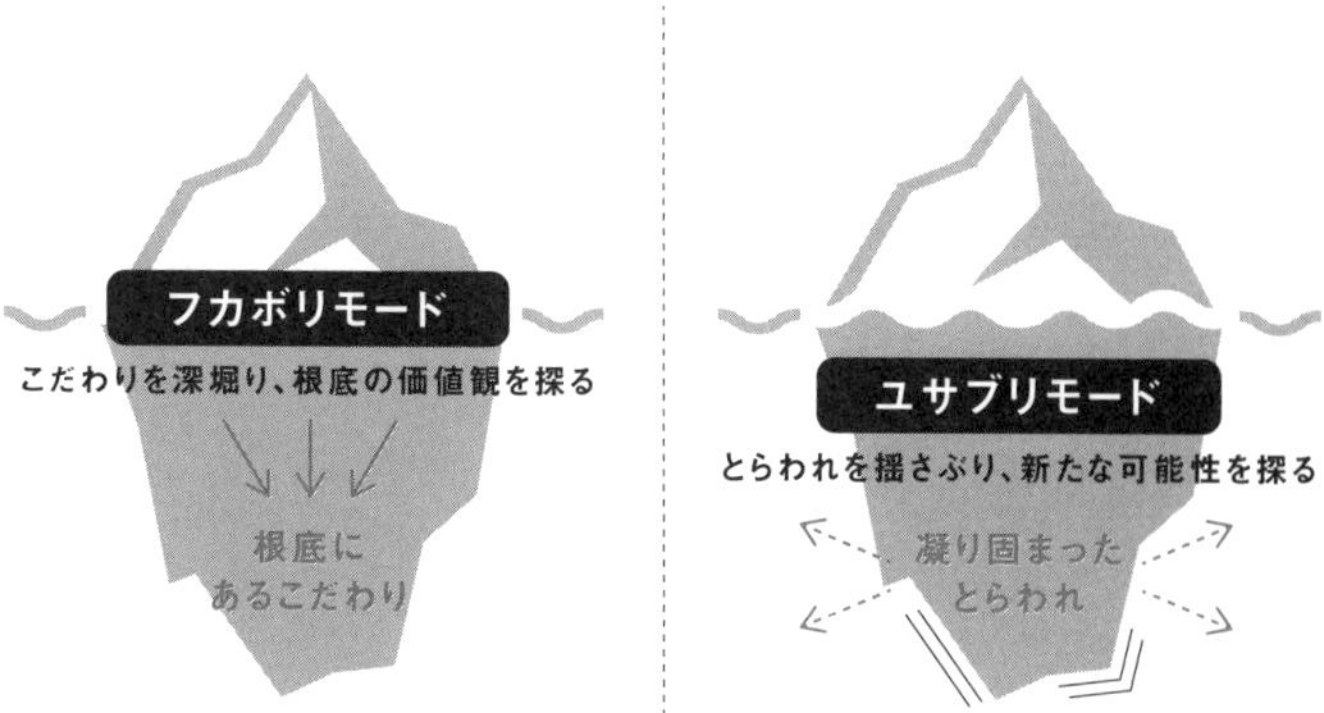

フカボリモード ←→ **ユサブリモード**

フカボリモード
こだわりを深堀り、
根底の価値観を探る

- **素人質問**
  みんなの当たり前を
  確認する
- **ルーツ発掘**
  相手のこだわりの
  源泉を聞きこむ
- **真善美**
  根底にある哲学的な
  価値観を探る

ユサブリモード
とらわれを揺さぶり、
新たな可能性を探る

- **パラフレイズ**
  別の言葉や表現に
  言い換えを促す
- **仮定法**
  仮想的な設定によって
  視点を変える
- **バイアス破壊**
  特定の固定概念に
  疑いをかける

MANNERS 09

フカボリモード①
素人質問

素人質問とは、チームにおいて前提となっている知識や情報に対して、まるで素人かのような、**素朴な疑問をぶつける**ことです。

チームのみんなが当たり前だと思っている前提、価値基準、暗黙のルール、業界の常識、専門用語などに対して、ちょっとでも疑問を感じたら、その意味について確認をするのです。「これ、本当にみんなわかっているのかな？」と違和感を感じたら、そこにツッコミをいれていくイメージです。定型文としては、以下のような例が挙げられます。

素人質問の質問パターン

「すみません、これどういう意味ですか？」

「初歩的な質問なのですが、これはどういうことですか？」

「理解不足で申し訳ないのですが、このプロジェクトの目的はなんですか？」

たとえば、前述したヘルスケア領域の消費財メーカーY社のリニューアルプロジェクトの例でいえば、以下のようなイメージです。

「すみません、一応確認なのですが、なんでリニューアルが必要なんでしたっけ?」
「初歩的な質問なのですが、そもそも「健康的な美しさ」ってどういうことですか?」
「ところで、どうして研究開発部門とマーケティング部門で協力するんでしたっけ?」
「このプロジェクトって、とにかく目新しいアイデアができればOKなんですか?」

これらの質問は、下手をすると「お前、話を聞いていたのか」と思われかねない、大前提の確認です。しかしチームに問題が起きているとき、このような「初歩的な大前提」のところで、認識がすり合わされていない場合があります。こうした前提に実は深く納得していないまま「正直、まだ腑に落ちないところがあるけど、誰も質問しないし、きっとみんなわかっているんだろうな……」と、惰性で仕事が進行していくことは、少なくないはずです。この状態を放置すると、チームの現代病をじわじわ引き起こしていきます。

このような暗黙の前提を、率先して確認する。これが、素人質問です。

◎立場と言い訳を利用して、「AKY」に問いかける

少し前に「AKY」という言葉が流行りました。「空気・読めない」の頭文字を取った「KY」の派生語で、「あえて・空気・読まない」態度を表した俗語です。集団において、周囲の雰囲気や文脈に流されずに逸脱したふるまいをする態度を指しています。「素人質問」という質問のパターンは、AKYを活用した問いかけの戦略と言えるでしょう。

直球で投げると顰蹙《ひんしゅく》を買いそうな場合は、**枕詞に付け加えるお詫び**が重要です。

「すみません、一応確認なのですが〜」
「当たり前のことを聞くかもしれないのですが〜」
「理解不足で、間抜けな質問をするのですが〜」

素人質問は、上司や先輩に「そんなことも知らないのか」と諭されて終了、というリスクもあります。けれども、うまく曖昧だった前提を指摘できれば、同じことで内心モヤモヤしてい

たチームメイトからは「よくぞ質問してくれた！」と、絶賛されることでしょう。リスクをうまく取るためにも「もし、どうしようもないことを聞いていたら、すみません」という言い訳をうまく使うのが賢いやり方です。

私自身、クライアントチームのミーティングをファシリテートする場合は、素人質問を多用します。第1章で紹介した、「人工知能（AI）を活用した未来のカーナビ」にとらわれていた自動車の周辺機器メーカーのプロジェクトの事例を思い出してください。このときも、勇気を出して「みなさんは、なぜカーナビを作るのですか？」というAKYの素人質問をぶつけたことが、チームの衝動に火をつけるトリガーとなりました。

これは、私自身が運転免許すら持っていない、自動車に関する本当の「素人」で、かつチームの「第三者」であるからやりやすかった問いかけでもあります。

しかし内部メンバーでも、十分に素人質問を使いこなすことが可能です。

特にチームの若手メンバーや、在籍歴が浅い新参に近いメンバーは、その立場を利用して「素人質問」を投げかけるとよいでしょう。

ただし、わからないことを、自分で考えずになんでもかんでも他人に質問する態度は、人によっては「怠惰なふるまいだ」と捉える人もいます。そこで、以下のように**自分なりの意見を添えておく**と、角が立たないように素人質問を投げかけられます。

「すみません、一応前提の確認なのですが、このプロジェクトの目標は『とにかく目新しいリニューアルアイデアを出す』という理解であっていますか？　いただいた資料を読み込んだのですが、よくわからなくて……」

若手でなく、シニアメンバーやマネジメント層であったとしても、枕詞に注意すれば十分に「素人」に戻ることができます。

「ごめん、前提がわからなくなっちゃったのだけど、これってどういうことでしたっけ？」
「古参の自分が言うのもなんなのだけれど、この会社ってどうして『健康的な美しさ』にこだわってきたのでしょうね？」

マネージャーとしての説明責任を果たせなくなってしまっては本末転倒ですが、むしろ立場が上の人が率先して疑問を呈してくれることで、「実はよくわからなかったけど、聞きにくかった」という空気を一気に打破できるかもしれません。

立場が上だからといって、正解を知っているわけではないということを場に共有することで、チームの心理的安全性を高められるのです。チームにおいては誰もが「素人」として、前提に疑問を投げかける権利を持っていることを、覚えておいてください。

余談ですが、「素人質問で恐縮ですが」という枕詞は、学会発表でもよく耳にするフレーズでもあります。この場合、教授などの専門家が、相手の初歩的な不備を指摘するときに使われます。くれぐれも、相手を攻撃する嫌味な使い方にならないように、ご注意を。

MANNERS 10

フカボリモード②
ルーツ発掘

ルーツ発掘とは、相手のこだわりの源泉や背景情報を掘り下げる質問のパターンです。ルーツ（roots）とは、物事の根源や起源のことであり、植物の根に由来した言葉です。

お互いの趣味や関心くらいは把握していたとしても、それにこだわる理由や、こだわるようになったきっかけなど、興味関心が醸成された根源までは、把握していないかもしれません。これが「こだわりのルーツ」です。

ファクトリー型のチームでは、お互いのことを「年齢」「性別」「役割」「専門技術」などの外的なスペックだけで捉えがちです。効率的な分業にはそれでも十分かもしれませんが、ワークショップ型のチームでは、**お互いのこだわりのルーツを深く理解すると、驚くほどチームは求心力が生まれ、ポテンシャルを発揮しやすくなります。**

多少の価値観や前提がずれていても、関係性の問題になりにくく、それぞれの違いを尊重できるようになるからです。昨今ではチームの「多様性」がキーワードになっていますが、互いのルーツを知らずして、チームの多様性は活かせません。

しかし、一人ひとりのこだわりのルーツは、植物の根と同様に、普段は地中深くに埋まっています。基本定石で述べたとおり、相手の失態や無能さに目を向けるのではなく、相手の個性に好奇心を持って光を当てる工夫をしなければ、ルーツを探ることはできません。

ルーツ発掘の質問パターン

「どこにこだわりがありますか？」
「なぜそこにこだわるのですか？」
「いつ頃からこだわるようになったのですか？」
「〇〇とは何が違うのですか？」

ルーツ発掘はメンバー個人だけでなく、チームとしてのこだわりを深掘りする際にも有用です。その場合は特に「〇〇とは何が違うのですか？」と、比較対象を引き合いに出す質問が効果的です。たとえば「あの競合サービスの提供価値と、何が違うのですか？」「あの競合他社にはない、私たちのこだわりはなんですか？」といった具合です。

◎こだわりの種を見つけたら、WhyとWhenでストーリーを掘り下げる

普段の仕事のなかで、特定のメンバーの趣味趣向や価値基準に関わる発言やふるまい、チームとして固執しているキーワードが見られたときは、ルーツ発掘のチャンスです。企画の提案プレゼン、アイデア出しのブレインストーミングにおける発案、時間をかけて作成した資料、なかなかアイデアをOKしないマネージャーの発言など。また、見立ての段階で着目した「何かを評価する発言」も、手がかりになるでしょう。

何かこだわりがありそうだが、まだ見えにくいときには「どこにこだわりがありますか？」「こだわりがあるとすれば、どこですか？」と質問して、こだわりの種を特定します。

こだわりの種が見えたら、疑問詞「Ｗｈｙ（なぜ？）」「Ｗｈｅｎ（いつ？）」を活用した質問形式で掘り下げます。一人ひとりの個性を支えている**「こだわり」は、一朝一夕で醸成される**

ものではなく、これまでの人生経験の中でじっくり培ってきたものであるからです。「なぜそこにこだわるのですか？（Ｗｈｙ型）」「いつ頃からそう考えるようになったのですか？（Ｗｈｅｎ型）」などの定型質問で、背後にあるストーリーを炙り出していきます。

ルーツ発掘において大切なことは、**相手をリスペクトする**ことです。相手には秘めた才能と魅力があることを信じて、好奇心を持って明らかにしていくのがあなたの役目です。

くれぐれも、「なんでそんな些細なことにこだわっているのだ？」などと、責め立てる態度を取らないことです。相手は萎縮して、こだわりのルーツなど話す気になれないでしょう。質問の枕詞に「興味本位で聞くのですが」「あなたの関心についてもっと知りたいのですが」などと入れると、あなたが好奇心で質問していることが伝わるはずです。

◎チームメンバーのこだわりの源泉を見抜くポイント

ファクトリー型が染み付いていて、関係性が固定化していると、メンバーの「こだわりの種」を見つけること自体が困難な場合もあるでしょう。定型質問を使って「どこにこだわりがありますか？」と尋ねても、「特にありません」と返ってくる場合は、黄信号です。

このような場合、どんなメンバーにも個性があると信じて、こだわりの片鱗を地道に探っていくしかありません。日々の「見立てる」過程において、以下に着目してみましょう。

こだわりが発露しやすいポイント

1 基準の高さ
2 過剰な投資
3 違いの識別
4 怒りのツボ
5 偏愛対象
6 違和感

1 基準の高さ

あるアイデアに対して、多数の人は「これで十分だ」と感じているのに、一人だけ「物足りない」「もう少し改善したい」と納得していなかった場合、その人は別のメンバーよりも高い基準を持っています。この背後には何かこだわりがある可能性が高いです。

2 過剰な投資

すでに及第点に達しているにもかかわらず、作業を続けたり、お金をかけたりしている場合も、こだわりの現れかもしれません。洋服にこだわりがない人は最低限のアイテムがあれば十分ですが、こだわりが高い人は、使いきれないほど沢山の服を買ったり、ディテールが違う同じような服を何着も買ったりするのと同様です。

3 違いの識別

洋服にこだわりがない人にとっては同じような服でも、こだわりのある当人にとっては「色合い」「生地」「シルエット」などの「違い」を識別しています。何らかの対象に対する細かな違いの識別は、こだわりのサインかもしれません。

4 怒りのツボ

その人が「何に怒るのか」も、こだわりと表裏一体です。チームメンバーが怒り心頭に発するタイミングを待つのも変ですから、直接的に「仕事の中で許せないことは?」「これまでチームで働いていて、イライラしたことは?」など、過去の経験を探るのも手です。

5 偏愛対象

こだわりを別の言い方をすれば「偏愛」していることだとも言えます。こだわりがないという人にも、「休みの日には、どんなことに時間やお金を使っていますか?」と尋ねると、その人の趣味趣向が見えてきて、こだわりの種が見つかるかもしれません。

6 違和感

相手が感じている「違和感」にも、こだわりはよく現れます。チームの関係性が十分でないうちは、「怒り」や「偏愛」のような強い反応は発露しにくい場合もあります。密かに感じている違和感を尋ねてみると、ルーツの手がかりが得られるかもしれません。

◎チームビルディングでお互いのルーツを知り合う仕組み

互いのこだわりのルーツを知り合うことは、ワークショップ型のチームを作るうえで、とても大切です。チームビルディングの仕組みや習慣を搭載しておくとよいでしょう。

私が経営している株式会社MIMIGURIでは、新しいメンバーが入社したら、「プロフィールシート」と呼ばれる自己紹介シートに、「得意なこと」「好きなこと」「何をしていると幸せか」「苦手なこと」「どんな時にモチベーションが下がるか」「趣味」「好きなもの」「過去の自分らしいエピソード」などの項目を記入して、約50名の全社員のシートをいつでも閲覧できる仕組みを導入しています。経営者である私自身も同じフォーマットで記入して、自分のこだわりを公開し、定期的にアップデートしています。

また、隔週で「社内ラジオ番組」が運営され、社員1名がゲストで登場し、人事の司会進行で、その人のルーツについて掘り下げる番組がランチタイムに放送されています。オンライン会議システムを使ったウェブセミナー形式で、お昼ご飯を食べながら、息抜きもかねてチャットでワイワイガヤガヤ楽しみながら視聴することが、習慣となっています。

私自身も、経営者として、入社メンバーと採用面談や入社時になるべく1on1をするようにしています。相手からすると、社長との面談ということで、最初のうちは緊張されてしまいますが、経営理念を一方的に語るのではなく、この機会を「ルーツ発掘」のチャンスにしています。ルーツ発掘の定型質問に加えて、「どんな時にテンションが上がる?」「自分に影響を与えた人や作品は？」「仕事においてどんなことが許せない？」「ついついやってしまうことは？」などの質問を通して、その人の背後にあるこだわりを掴んでいくのです。そうすると、よりいっそうメンバーに対する愛着が生まれ、「この会社でポテンシャルを発揮して欲しい」と心から思えるようになります。

こうした取り組みは、日々のミーティングや１ｏｎ１の中だけでなく、チームビルディングとして組み込んでおくことが重要です。これらの方法論は「組織開発」や「組織デザイン」と呼ばれる領域です。興味があれば、章末のコラムを読んでみてください。

MANNERS 11

フカボリモード③
真善美

「真善美」とは、**メンバーやチームの根底にある哲学的な価値観を探る質問**です。

真善美は、人間が理想とする普遍的な価値基準としてよく挙げられる言葉です。物事が正しいかどうか、倫理的に良いかどうか、美しいかどうか。これらは客観的に測定しにくく、価値観や思想に関わるものです。人類が長きにわたって考え続けている、哲学的なテーマといえるでしょう。

真善美の質問パターン

「『正しい○○○』とはなんでしょうか？」

「今こそ考えたい本当の意味での『良い○○○』とはなんでしょうか？」

「今こそ考えたい本当の意味での『美しい○○○』とはなんでしょうか？」


形式はシンプルですが、使いどころは気をつけなくてはなりません。

まだあまり思考が深まっていない段階で、哲学的な命題を問いかけられてもほとんどの人は答えられませんから、ある程度「素人質問」や「ルーツ発掘」を重ねてこだわりの片鱗が見えてきたところで「真善美」で踏み込む、というタイミングが重要です。

また、相手を規範的な回答に誘導する質問になっていないか、注意が必要です。
たとえば、若手のメンバーに「正しいビジネスマナーとはなんでしょうか？」と尋ねたら、ほとんどの人は新入社員研修で教わった内容を思い出すことでしょう。質問の意図を勘繰って「マナー違反を犯していただろうか？」などと考えてしまうかもしれません。これでは質問が哲学的な命題になっておらず、ただ単に正解を求めるつまらない質問です。

こういうときは、枕詞にひと工夫が必要です。一般的な常識を超えて、「あなたが考える本質を探っているのだ」ということが伝わるような一言を加えるのです。

「コロナ禍で実感した、本当の意味での**正しいビジネスマナー**とは？」
「今こそ考えたい、あなたが大切にしたい**正しいビジネスマナー**とは？」

このような枕詞を加えれば、新入社員研修のテキストに書かれていた情報を答える人はいないでしょう。あえて答えの出ない、人間や社会の本質に迫るような質問を組み立て、相手の深層に迫っていくのです。

続いて、ユサブリモードの型「パラフレイズ」「仮定法」「バイアス破壊」を解説します。

フカボリモードの3つの質問パターン

MANNERS 12

ユサブリモード①
パラフレイズ

パラフレイズは、別の言葉や表現に言い換え、補足や定義の言語化を促す質問のパターンです。英語で"paraphrase"は「言い換える」という意味です。

チームにおいて普段から使っている「言葉」の力は偉大です。良くも悪くも、普段どんな言葉遣いをしているかに、思考が左右されます。逆にいえば、チームのとらわれに揺さぶりをかけるうえで、「別の言葉に言い換える」ことは、さまざまな場面で効果を発揮します。

パラフレイズの定型文

「その言葉を、別の言葉に言い換えるとどうなりますか?」

前述したヘルスケア領域の消費財メーカーY社のリニューアルプロジェクトの例でいえば、このような質問になるでしょう。

「『健康的な美しさ』を、別の言葉に言い換えるとどうなりますか？」

たとえずっと一緒に働いてきたチームメンバーであっても、共通言語にパラフレイズを促すと、一人ひとりの回答は違うものになるはずです。その違いを場に可視化することで、価値観の内省を促したり、前提をすり合わせる対話を促したりすることができるのです。

◎パラフレイズを促す5つのテクニック

その他にも、パラフレイズには応用的なテクニックがいくつかあります。

パラフレイズのバリエーション

1 たとえる
2 数値化
3 動詞化

4 禁止
5 定義

1 たとえる

言い換える際に、何かにたとえてもらう方法です。たとえば、自社の課題について話し合っている際に、「この会社の課題は？」と質問しても、「リーダーシップの不足」「新規事業が生まれない」など、あまり自分ごとではない言葉が飛び交っていたとしましょう。そんなときに、以下のように、比喩を使ってパラフレイズを促してみるのです。

「それらの課題を、病気や怪我にたとえると？」

私は何度かこの質問をクライアントのミーティングで投げかけたことがあります。回答の難易度は高まりますが、比喩を使ったことで遊び心が生まれ、論理的で規範的な回答を抑止し、発想豊かなストーリーテリングを促すことが期待できます。

実際に、あえて治療が難しい重い病気を挙げる人もいれば、「左足の捻挫ですね。ただし、長い間ずっと癖になっている感じです」といった意見も飛び出し、発想が劇的に豊かになることを体感しました。その時は、続けて「御社の『捻挫』を治すための『松葉杖』とはどんなものでしょうね？」と、ユーモアのある追加の質問を投げかけることができ、遊び心に溢れるミーティングを進行することができました。

「基本定石③　遊び心をくすぐり、答えたくなる仕掛けを施す」としても有効です。

2 数値化

数値化とは、言葉ではなく**点数やグラフなどで定量的に表現してもらう**方法です。

ミーティングの最中に、基準が曖昧な「何かを評価する言葉」が飛び交っていた場合や、「未定義の頻出ワード」の定義に揺さぶりをかけていきたい場合などに有効です。たとえば、以下のような例が挙げられます。

「この商品は『健康的な美しさ』を**何%くらい**達成できていますか？」
「これらのアイデアを**100点満点**で採点するなら、何点ですか？」

「この5年間の仕事を振り返ると、私たちのチームはどれくらい理念を体現できていたでしょうか？　**線グラフに描くとすると**、どうなりますか？」

数値化のパラフレイズは、回答される数値そのものよりも、その後に「なぜその数値なのか」を追加で質問し、理由を語ってもらうところに意義があります。仮に同じ「70点」という回答だったとしても、人によってその理由は違うはずです。理由を語り合うことによって、互いに基準のズレがあったことが可視化され、揺さぶりにつながるのです。状況によっては、数値化のパラフレイズは、フカボリモードとしても活用できます。

3　動詞化

動詞化は、染み付いた「名詞型」の言葉を、「動詞型」に言い換えてもらうテクニックです。

第1章で紹介した「人工知能（AI）を活用した未来のカーナビ」にとらわれていた自動車の周辺機器メーカーは、私の問いかけを通して、自らチームの目的を「カーナビを作ること」ではなく「未来の移動の時間を支援すること」だとパラフレイズしてくれました。すなわち「カーナビ」という名詞型のキーワードを、「移動する」という動詞型のキーワードで捉え直した事例です。これは偶然起きたことでしたが、「名詞型」から「動詞型」へのパラフレイズを意識的に促すことは、揺さぶりの手段として効果的です。

「マンネリを打破するためには、どんなリニューアル案がよいでしょうか？」
↓「マンネリを打破するためには、何が変わるとよいでしょうか？」
「リモートワークを楽しくするためには、どんな社内規定が必要だと思いますか？」
↓「リモートワークを楽しくするために、何を守り続けることが必要だと思いますか？」
「10年後のオフィスに求められる椅子とは、どんなものになるでしょうか？」
↓「10年後のオフィスにおいて座るという行為は、どうなっているでしょうか？」

名詞は、チームの視点を「人工物（モノ）」に閉じさせてしまうリスクがあります。アイデアを考える際に「椅子」という名詞を使い続けている限り、思索の幅は「椅子」から出られません。しかし「座る」という動詞で捉え直すことによって、自然と「椅子」に潜んでいる行為の意味について考えるようになり、発想の幅が広がります。

4 禁止

特定の言葉の使用を禁止するアプローチも効果的です。

「このミーティングでは、『健康的な美しさ』という言葉を使うのをやめませんか？」

チームで共通言語化されたキーワードは、思考を停滞させる『マジックワード』※になっている可能性があります。1回や2回、言い換えを促すだけでなく、**根本的に特定のキーワードを封印する**ことによって、思考回路を組み替えざるをえなくするのです。

5 定義

これまで紹介してきたパラフレイズのバリエーションは、多様な解釈を広げて思考を発散させるためのアプローチでした。

しかしミーティングの場面においては、新たな解釈に収束させたい場合もあるでしょう。そのような時は、言葉の定義を未知数に定めた質問をすればよいのです。

たとえば「健康的な美しさ」という言葉に対して、さまざまな角度からパラフレイズを仕掛け、揺さぶってきたとします。チームメンバーの思考は活性化し、新しい発想が次々に浮かんでいます。そのタイミングで、以下のように質問するのです。

「改めて『健康的な美しさ』を定義するとしたら、どのような言葉になりますか？」

質問の形式自体はオーソドックスですが、揺さぶりをかけたタイミングで「定義」という言葉を使ってパラフレイズを促進することで、チームの共通言語を編み直し、

※マジックワード：どんな場面にでも当てはまることから、その意味について深く考えたり前提をすり合わせたりすることなく、都合よく使われがちな言葉。第2章でも解説。

パラフレイズによる共通言語の再定義

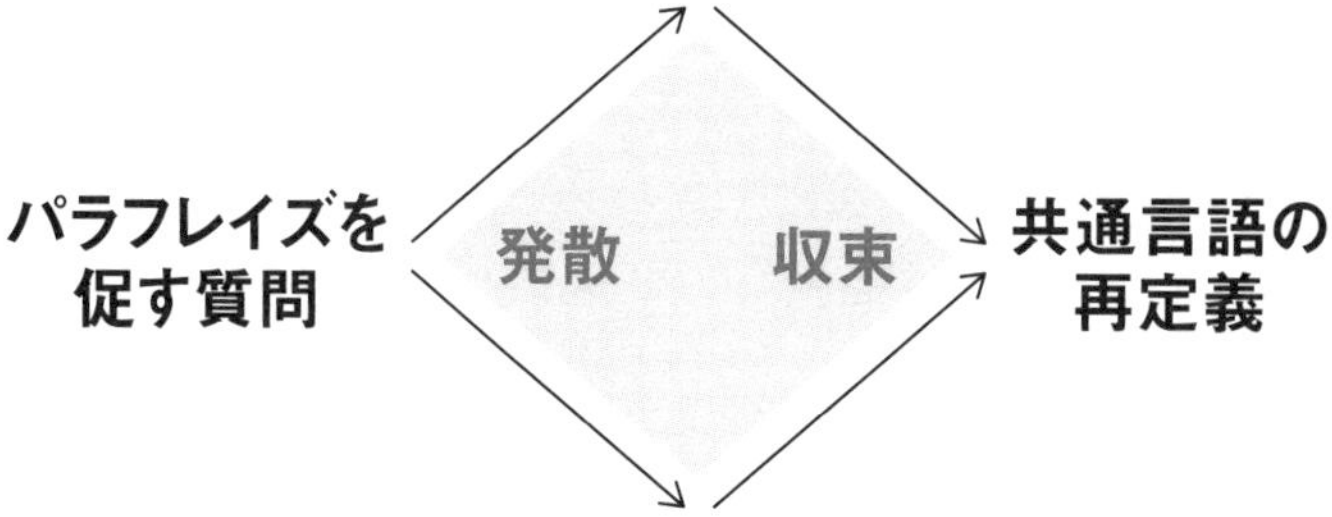

新しい可能性に向けてチームを前進させられます。

以上、パラフレイズの応用的なテクニックを紹介してきました。パラフレイズは、ユサブリモードの中でも、気軽に使いやすい質問の型です。フカボリモードの「素人質問」と並んで、頻繁に活用することになりますから、とっさに質問が出せるようにバリエーションを覚えておくとよいでしょう。

MANNERS 13

ユサブリモード②
仮定法

仮定法とは、**架空の設定によって、相手がとらわれている制約を外したり、見方を変えたりする質問**のパターンです。

仮定法と聞くと、英文法の仮定法が浮かぶかもしれません。この「If〜」の構文は、現実とは異なる仮定のもとで話を展開する際に用いられる語法です。中学英語の教科書ではよく「If I were a bird, I would fly to you.（もし私が鳥だったら、あなたのもとへ飛んでいくのに）」といった例文とともに解説されます。

パワフルな質問のパターン「仮定法」も同様に、現実とは異なる仮の文脈設定のもとで、相手の発想を揺さぶるアプローチです。

仮定法の定型文

「もし〜だとしたら？」
「仮に〜だとすると？」

仮定法のバリエーションについて、一つずつ例を挙げながら解説します。

仮定法のバリエーション

1 立場の転換：別の立場で考えてもらう

2　制約の撤廃：目の前の制約を取り払って考えてもらう
3　架空の物語：全く別の世界を想像してもらう

◎立場の異なるステークホルダーの視点から考えてみる

別の立場から発想してもらう仮定法のやり方です。たとえば、新商品開発のアイデア出しのためのミーティングなどであれば、「経営陣」「競合他社」「ユーザー」「非ユーザー」など、異なる関係者を主語に設定して、アイデアを吟味する視点を変えるのです。


「もしあなたが**経営陣**だったら、このアイデアにどれくらいの予算をつけますか？」

「もしあなたが**競合他社**だったら、このアイデアにどんな勝負をしかけますか？」

「もしあなたが**ユーザー**だったら、この商品のどこに愛着を感じますか？」

「もしあなたが**非ユーザー**だったら、どんな呼びかけをされたら関心を持ちますか？」


当事者としての視点が強すぎるためにとらわれが起きている場合や、話し合いがマンネリ化してしまった時などに効果的な方法です。

◎目先の制約を取り払い、可能性を拡げる

新しい発想を何らかの制約が邪魔している場合、その制約を取り払った状況を仮定するやり方です。予算・時間・人員などのリソースの不足、実現可能性、リスクの懸念など、ビジネスにおけるさまざまな制約を取り払ってみるのです。


「もし**予算が３倍になったとしたら**、何に投資をしますか？」

「もし**納期が１ヶ月延ばせるとしたら**、どこにこだわりたいですか？」

「もし**あなたがこの領域の専門家だったら**、何にチャレンジしますか？」

「もし**失敗してもかまわないとしたら**、どの選択肢を選びますか？」


時折このような質問を挟むことによって、無意識のうちに抑圧していた個人の願望やチームのビジョンを想像することができます。また、「制約のせいでできないと思い込んでいたけれど、意外に実現できるかもしれない」と、とらわれが払拭できることもあります。

◎架空のストーリーを空想し、発想を跳躍させる

「立場の転換」「制約の撤廃」の応用編です。全く新しい状況を思い描いて、架空の物語を空想することで、発想を刺激していく方法です。たとえば、以下のような質問です。

「もし人類がウイルスとの戦いに敗れて、自宅から一歩も外出できない世界になってしまったとしたら、私たちはどんなサービスを展開したいですか?」

「もしGAFAM(ALphabet, Amazon, Meta, Apple, Microsoft)が創業されなかったとしたら、現代はどのような世界になっていたでしょうか?」

現実とは程遠い設定という点で、SF(サイエンス・フィクション)的な空想です。意外と考えるのが楽しく、ミーティングが非常に盛り上がります。発想力のウォーミングアップになるほか、もしかすると革新的なヒントが得られるかもしれません。

MANNERS 14

ユサブリモード③
バイアス破壊

特定のとらわれ（Xとします）に積極的に揺さぶりをかける質問のパターンです。

バイアス破壊の定型文

「本当にXは必要ですか？」
「Xを除外してみると、どうなるでしょうか？」
「Xでない〜は、考えられないでしょうか？」
「XにあえてYを入れると、どうなるでしょうか？」

「健康的な美しさ」を掲げるヘルスケア領域の消費財メーカーY社の事例に立ち戻ってみましょう。

同社は、自社ロングセラー商品を改革すべく、何度もミーティングを繰り返してきました。

結果、どうやら同社が大切にしたい「こだわり」の核は「生活者が健康的で自然体であり続けること」であること。そして、「美しさ」という言葉にはマーケティング戦略上の重要性はあるものの、開発においては「とらわれ」なのではないか、という仮説が見えてきました。

今から数十年前、同社が創業した当初の世論においては、「健康であること」と「美しくあること」は、結びつきにくい概念であったため、このスローガンには意義がありました。しかし現在は健康と美容の両立は、生活者にとって一般的な考え方になってきています。人生100年時代。平均寿命は延び、働き方や生き方、幸福の価値観が問い直される現代において外見的な美しさに重心を置くよりも、心身ともに健康的であることを価値の中心にすべきではないか。それが自然と内面と外面の美しさにつながるのではないか。

そんな洞察が生まれつつあるチームに、一気に「バイアス破壊」を仕掛けましょう。

「リニューアル後のプロダクトに、**本当に『美しさの支援』は必要でしょうか？**」
「自社の商品から**『美容』の要素を除外してみると、**どうなるでしょうか？」
「**美容の製品ではない**リニューアルのアイデアは、考えられないでしょうか？」

「商品に、あえて『内面の美しさ』の要素を入れると、どうなるでしょうか？」

このように「とらわれ」のXを「美しさ」「美容」とし、積極的にそこから脱却させる質問を組み立てることで、「こだわり」を保持したまま、新しい可能性を探ることができます。

◎バイアス破壊と仮定法の合わせ技を使いこなす

バイアス破壊は、仮定法の「制約の撤廃」「架空の物語」と組み合わせの相性が抜群です。

「もし美容ニーズを持っている女性をターゲットから外してもよいとしたら、どんなリニューアルアイデアが考えられますか？」(仮定法：制約の撤廃)

「もしこの世界から五感のうち「視覚」がなくなったとしたら、自社の製品をどのようにリニューアルしますか？」(仮定法：架空の物語)

これまで保持してきた「とらわれ」をなかなか捨てられない心理には、原因があるはずです。そのひとつには「実際に、ユーザーが美しくなりたいニーズを持っている」という事実があるでしょう。このケースに限らず、ダイナミックな商品リニューアルや新商品開発などの事業変革を妨げるものは、チームの「とらわれ」だけでなく、ユーザー自身の顕在化したニーズの「とらわれ」も含まれます。

現在では当たり前であるタッチパネルディスプレイ型のスマートフォンが普及する以前は、ユーザーは「もっとボタンを押しやすくして欲しい」とは考えていたでしょうが、「ボタンを撤廃して欲しい」とは考えていなかったはずです。ダイナミックな事業の変化を起こすためにも、既存ユーザーの「とらわれ」を撤廃したり、時に思い切って架空の物語を設定してみることは有効です。

◎「変わらない組織システム」というとらわれを揺さぶる

「とらわれ」の対象が、組織の制度や権威に基づくものである場合も、バイアス破壊と仮定法の質問パターンをうまく組み合わせることが有効です。

元々ファクトリー型だった大企業メーカーであっても、ユサブリモードの質問を駆使すれば、現場の開発チームからボトムアップ式にアイデアが徐々に出てくるようになるでしょう。上層部から設計図を与えられなくても、自分たちが作りたいと思えるアイデアを、自分たちで考えられるようになっていくはずです。

ところがミーティングがワークショップ型に切り替わったからといって、会社組織全体がワークショップ型に切り替わったわけではありません。会社の組織構造や体制、社内規定、評価制度などは、大きい組織であるほどそう簡単には変えられるものではありません。

そのような「変わらないシステム」を頭に思い浮かべると、今やっている努力は、無駄なものに思えるかもしれません。アイデアが思い浮かんでも「どうせ実現できないのでは」「チャレンジするだけ無駄なのでは」という発想につながり、結局は組織システムによって、現場メンバーの衝動に蓋がされてしまう、ということが往々にしてあります。

しかしながら、ファクトリー型の組織システムが根づいた大企業であっても、現場メンバーの衝動を起点に、事業変革が起こるケースを私はこれまでに何度も見かけてきました。すぐに組織の体制や制度を変えられなくても、ボトムアップに生まれる取り組みは、社内の誰かが必ず見ています。まずは自分たちのチームがワークショップ型に変わる努力を続けて、徐々に他のチームともつながりを作り、「勉強会」や「有志プロジェクト」を立ち上げて、自分たちの衝動に基づいて、組織とチームの新しい可能性を探る活動を継続するのです。そのときにバイアス破壊と仮定法の質問をうまく活用するのです。

「もし社内の評価を気にしなくて良いとしたら、何がしたいですか？」
「もし社内規定をひとつ変えられるとしたら、どの規定を変えたいですか？」
「もし組織構造を無視してよいとしたら、どのチームと連携したいですか？」
「もし誰にも怒られないとしたら、このアイデアを組織の誰に話したいですか？」

このように**組織のシステムそのものを「とらわれ」と仮定して、バイアス破壊を仕掛け続ける**ことによって、チームの活動の原動力を保つことができるでしょう。

どんなに大きい組織であっても、現場レベルでチームのポテンシャルを発揮する努力を続けていれば、たとえば正式な活動として予算がついたり、個人評価の対象となったり、あるいは新規事業開発の部署として体制変更が決まったりなど、大きな変化につながることがあるはずです。問いかけの力を駆使しながら、試行錯誤を続けてみてください。

ユサブリモードの3つの質問パターン

MANNERS 15

困ったときのパワフルな質問パターンリスト

本節の最後に、これまで紹介してきた6つの型の定型的な質問リストをまとめておきます。

ミーティングで困ったときにとっさに繰り出す質問の型として、参照してください。

とっさの質問リスト

フカボリモード

素人質問
「すみません、これどういう意味ですか?」

「初歩的な質問なのですが、これはどういうことですか?」

「理解不足で申し訳ないのですが、このプロジェクトの目的はなんですか?」

ルーツ発掘
「どこにこだわりがありますか?」

「なぜそこにこだわるのですか?」

「いつ頃からこだわるようになったのですか?」

「○○○とは何が違うのですか?」

真善美
「『正しい○○○』とはなんでしょうか?」

「本当の意味での『良い○○○』とはなんでしょうか?」

「今こそ考えたい『美しい○○○』とはなんでしょうか?」

ユサブリモード

パラフレイズ
「その言葉を、別の言葉に言い換えるとどうなりますか?」

「その言葉を、別のものに喩えるとどうなりますか?」

「その言葉を、このミーティングでは禁止しませんか?」

「その言葉を、数字で表現すると、100点満点で何点ですか?」

「その言葉を、改めて定義するとしたら、どのような言葉になりますか?」

仮定法
「もし〜だとしたら、どうでしょうか?」

「仮に〜だとすると、どうなりますか?」

「もしあなたが〜の立場だったら、どう考えますか?」

「もし制約がなかったら、どうしたいですか?」

「もし世界が〜だったら、どうなっているでしょうか?」

バイアス破壊
「本当にXは必要ですか?」

「Xを除外してみると、どうなるでしょうか?」

「Xでない〜は、考えられないでしょうか?」

「XにあえてYを入れると、どうなるでしょうか?」

4-3

複数の質問を組み合わせる

MANNERS 16

ミーティングのプログラムを組み立てる

問いかけの作法は、複数の質問を組み合わせることによって、その真価を発揮します。もしあなたがミーティングの進行役を担当できるのであれば、あらかじめ複数の質問によってミーティングのプログラムを準備しておけると、非常に強力です。

一般的なミーティングは、目的によりますが、基本的に以下のような流れで進行します。

ミーティングの基本的な流れ

1 イントロダクション：進行役からの挨拶・ミーティングの目的の説明
2 チェックイン：参加メンバーから一言ずつ発言して、アイスブレイクをする
3 話題提供：ミーティングに必要な情報があれば、メンバーに共有する
4 意見交換：話題提供に対する質問や感想、目的に関連する意見を交換する
5 ディスカッション：メインのお題について、グループで話し合いをする

6 成果の確認：話し合いの結果を共有・振り返り、目的の達成を確認する

7 まとめ：結論を合意し、次に向けたアクションを確認する

そして、この流れのなかに、問いかけのチャンスがいくつも潜んでいます。

- イントロダクションにおいて、全体に投げかける問いかけ
- チェックインにおいて、アイスブレイク代わりにメンバーに投げかける簡単な問いかけ
- 意見交換において、意見を促すための問いかけ
- 他のメンバーの意見に対する問いかけ
- メインのディスカッションのお題としての問いかけ
- ディスカッションが詰まったら視点を変える問いかけ
- まとめの段階で、次につなげるために問いかけ

これらのすべてのパートで無理に問いかけをする必要はありませんが、一度のミーティングのなかで、パワフルな質問をいくつか組み立てておき、あらかじめ「チェックインでは、この質問を投げかけよう」「ディスカッションのパートでは、3つ用意しておいた質問のうちどれか

を選んで投げかけよう」などと、ある程度の計画を立てておくのです。

考えやすいやり方は、「フカボリモード」か「ユサブリモード」のどちらが必要かを決めて、それぞれの3つの質問の型を組み合わせていく方法です。

チームメンバーの仕事の価値観について深掘りするのであれば、著名人に密着するドキュメンタリー番組の取材のように、フカボリモードの質問を組み合わせて「**素人質問**」→「**ルーツ発掘**」→「**真善美**」という順番で1on1の流れを構成しておくとよいでしょう。

革新的な「アイデア出し」を目指す場合など、徹底して相手に揺さぶりをかけたい場合には、ユサブリモードの質問を組み合わせて「**パラフレイズ**」→「**仮定法**」→

ユサブリモードの質問を組み合わせた例

ユサブリモード

パラフレイズ

(例)「あなたの現在の『健康的な美しさ』の満足度は、100点満点で何点ですか?」
(例)「スローガン『健康的な美しさ』を、別の言葉に言い換えるとどうなりますか?」

▼

仮定法

(例)「もし社長が別のスローガンに変えても良いと言ったら、どう変えたいですか?」
(例)「もし健康と美容のどちらかを選ぶとしたら、どちらを選びますか?」

▼

バイアス破壊

(例)「健康(もしくは美容)は私たちのプロダクトに本当に必要ですか?」
(例)「それらを思い切って捨てると、どんなリニューアルが可能になりますか?」

「バイアス破壊」と固定観念を揺さぶり続けるプログラムが効果的です（前ページの図は、ヘルスケア領域の消費財メーカーY社のミーティングをイメージ）。

MANNERS 17

2つのモードを混ぜ合わせて使いこなす

「フカボリモード」と「ユサブリモード」の2つの境界線は、実はきわめて曖昧です。気軽に投げかけた「素人質問」が、相手の暗黙の前提を強く揺さぶり、結果として「とらわれ」の打破につながることもあるでしょう。逆に「とらわれ」を目掛けて放った「パラフレイズ」や「仮定法」によって、相手の思考が整理され、自分の根底にある価値観が「こだわり」として言語化される、なんてこともあるはずです。

チームにとって何が「こだわり」で何が「とらわれ」かが曖昧なうちは、この2つのモードを行ったり来たりしながら混ぜ合わせて使うとよいでしょう。

ルーツ発掘からバイアス破壊につなげる例

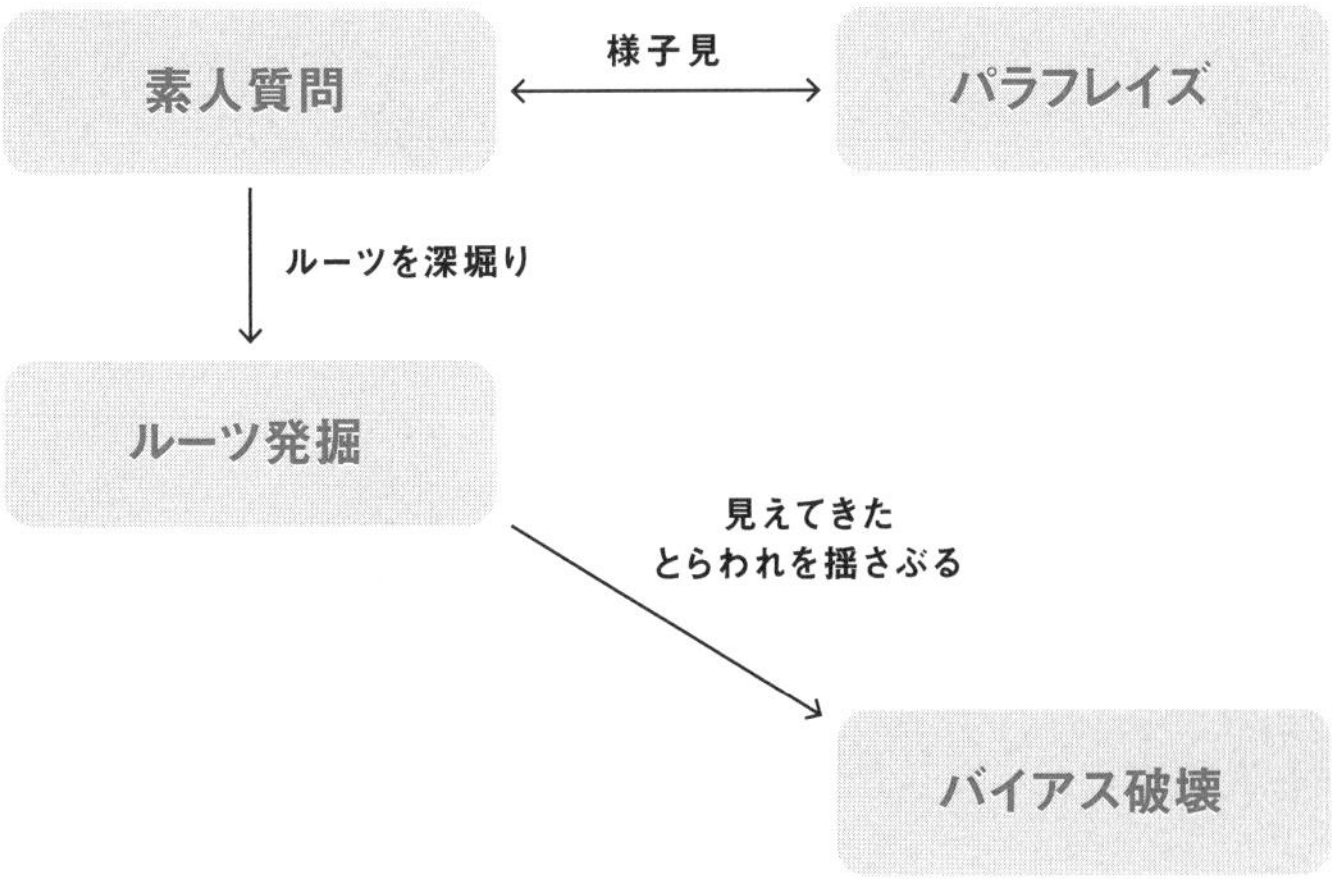

仮定法から真善美につなげる例

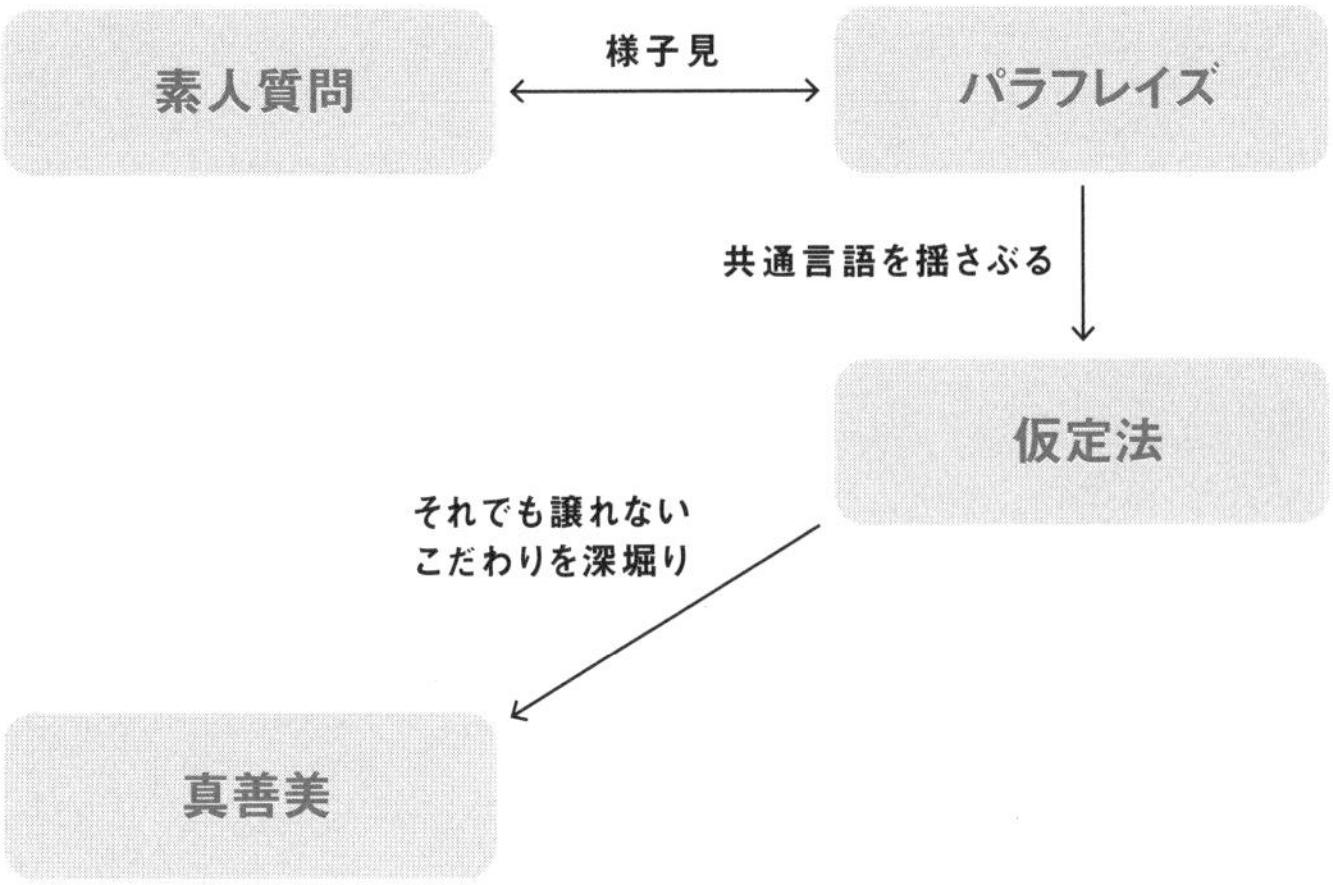

特に「素人質問」と「パラフレイズ」はどんな状況でも様子見に使えるため、まずはこれらを重ねて、図のように臨機応変にフカボリとユサブリを展開できると、非常に強力です。

MANNERS 18

メインの質問から、必要なプロセスを逆算する

前述したように「素人質問」と「パラフレイズ」を軸に臨機応変に質問を連ねていく方法も有効ですが、**最終的に投げかけたいメインの質問が決まっている場合は、そこから逆算してプロセスを組んでおく**アプローチも有効です。

たとえば、フカボリモードの「真善美」とユサブリモードの「パラフレイズ：定義」を組み合わせた以下のような質問を準備していたとします。

「人生100年時代における、美しい働き方の定義とはどんなものでしょうか？」

これはまさしくミーティングのメインディッシュ。質問の方向性は「ビジョン（社会×未来）」の象限にあたる、じっくり時間をかけて向き合いたい質問です。

しかしいきなり投げかけるには、重たい質問でもあります。この質問に向き合うためには、チームメンバーにとってどんな「配慮」や「刺激」が必要なのかを考えて、そこに至るまでのプロセスを組み立てます。

ミーティングプロセス案①

質問①:「これまでの20年間で、私たちの働き方はどのように変化してきたでしょうか？」
質問②:「あなたがいま大切にしたい美しい働き方とはどんなものですか？」
質問③:「人生100年時代における、美しい働き方の定義とはどんなものでしょうか？」

このプロセス案は、ミーティングの最初に「歴史」に方向づけた質問①をすることで、働き方の変化について考えやすくする配慮と、変化の可能性に目を向けてワクワクさせるような刺激を兼ねています。そのうえで、自分ごと化を促すために主語のレベルを「あなた」に落とした現在形の質問②を挟むことで、メインの質問③につなげています。

プロセスの全てを「質問」だけで組み立てる必要はありません。質問①は、事前に「これまでの20年間の働き方の変化」について話題提供することでも補填可能です。

話題提供をうまく活用した例として、以下のようなプロセス案も考えられます。

ミーティングプロセス案②

話題提供:「人生100年時代」「これまでの働き方の変化」に関する話題提供

質問①:「あなたにとって美しくない働き方とはどんなものですか?」

質問②:「あなたが10年後に実現していたい美しい働き

メインディッシュの質問は「ビジョン」の方向性

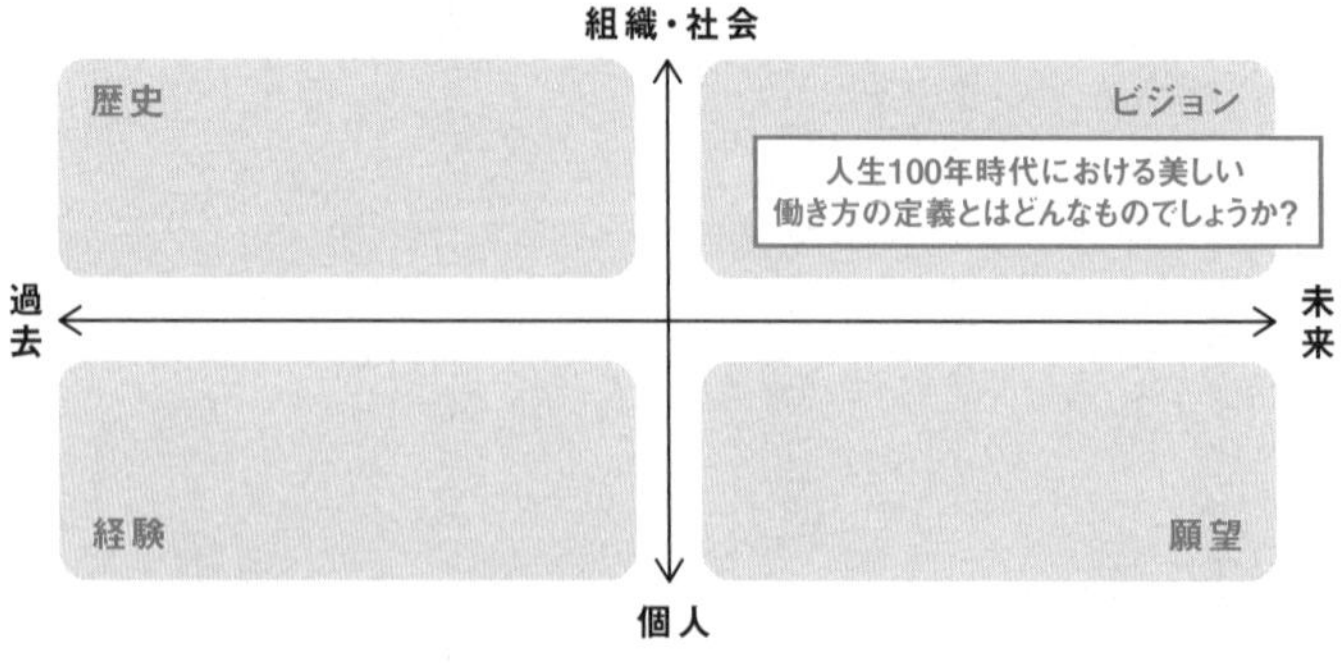

方とはどんなものですか？」

質問③：「人生１００年時代における、美しい働き方の定義とはどんなものでしょうか？」

このプロセス案は、「人生100年時代」の理解の支援と、またプロセス案①で採用していた「これまでの働き方の変化」について、司会進行役からの話題提供で済ませてしまう構成案です。5分から10分間程度で簡潔に説明をするだけでも、十分な配慮になります。

そのうえで、質問①をプロセス案①と同様に自分ごと化を促す「あなた」を主語にした質問にしていますが、あえて「美しくない働き方」と形容詞に工夫を加えることで、思考の発散を促し、自分にとって「美しさ」という価値基準の意味をより感じられるような刺激としています。

さらに質問②では「あなた」を主語に維持したまま「願望」レベルに方向づけて、自由に可能性のアイデアを発散させる刺激とし、そこからメインの質問③につなげています。

このように、質問の組み合わせによるミーティングのプロセス設計のバリエーションは無限大です。必要な配慮と刺激の両面から、いろいろな組み合わせを試してみてください。

MANNERS 19

谷型と山型のプロセスを使い分ける

汎用的なミーティングのプロセス設計の型として、**谷型のプロセス**と**山型のプロセス**を覚えておくと、重宝します。

前述したプロセス案①②の質問の軌道は、いずれも「歴史」から始まり、主語を「個人」に落としてから、「ビジョン」へと浮上する「谷型」の放物線を描いています。**メインの質問がビジョンを向いている場合に、谷型の軌道は効果的**なのです。

このように軌道にメリハリをつけて、極端に思考の寄り道を作ることによって、限られたミーティングの時間のなかで大きな変化を生み出すことができるのです。

また、これとは逆の向きに放物線を描く「山型のプロセス」も有効です。

ミーティングプロセス案①の方向性の軌道

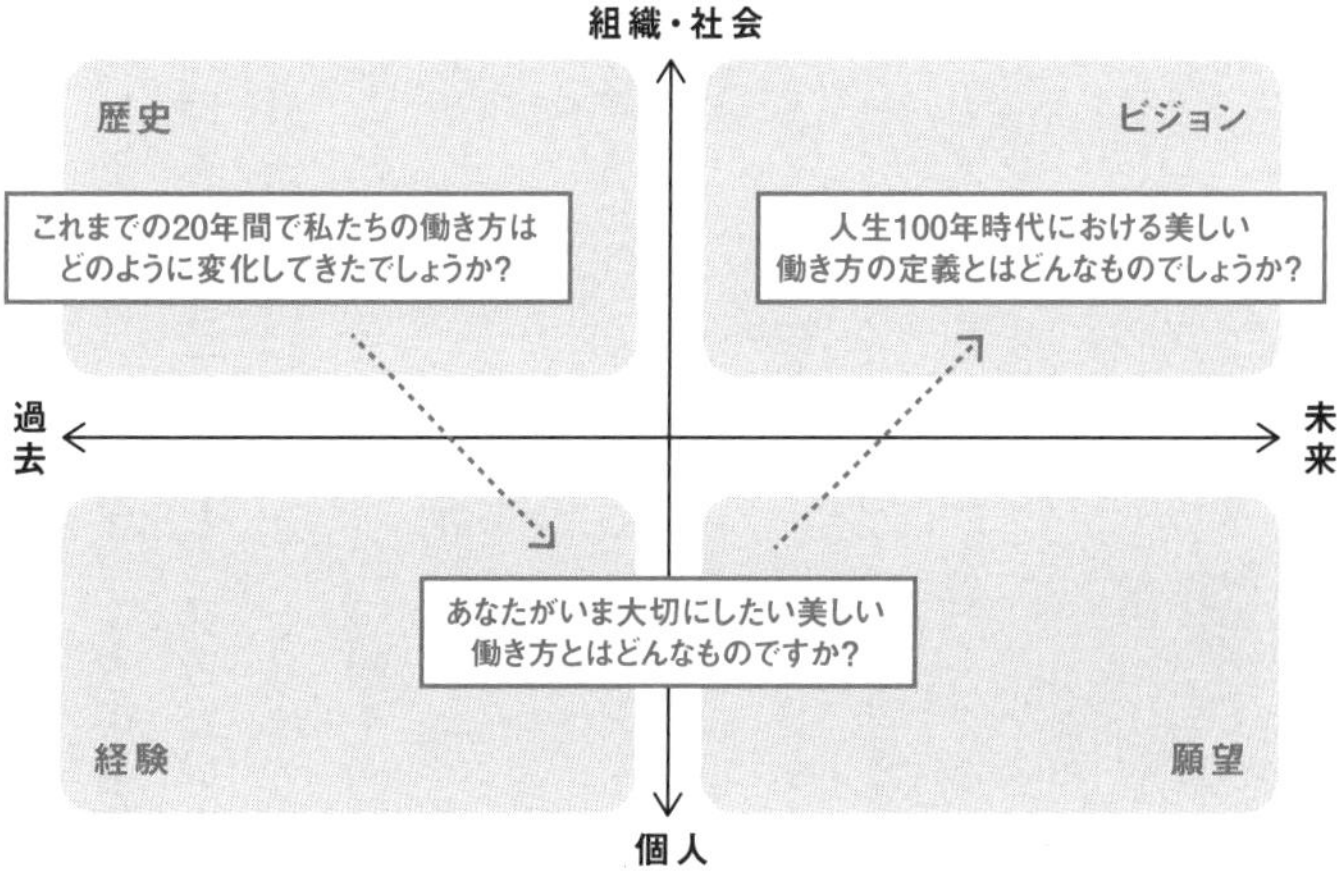

ミーティングプロセス案②の方向性の軌道

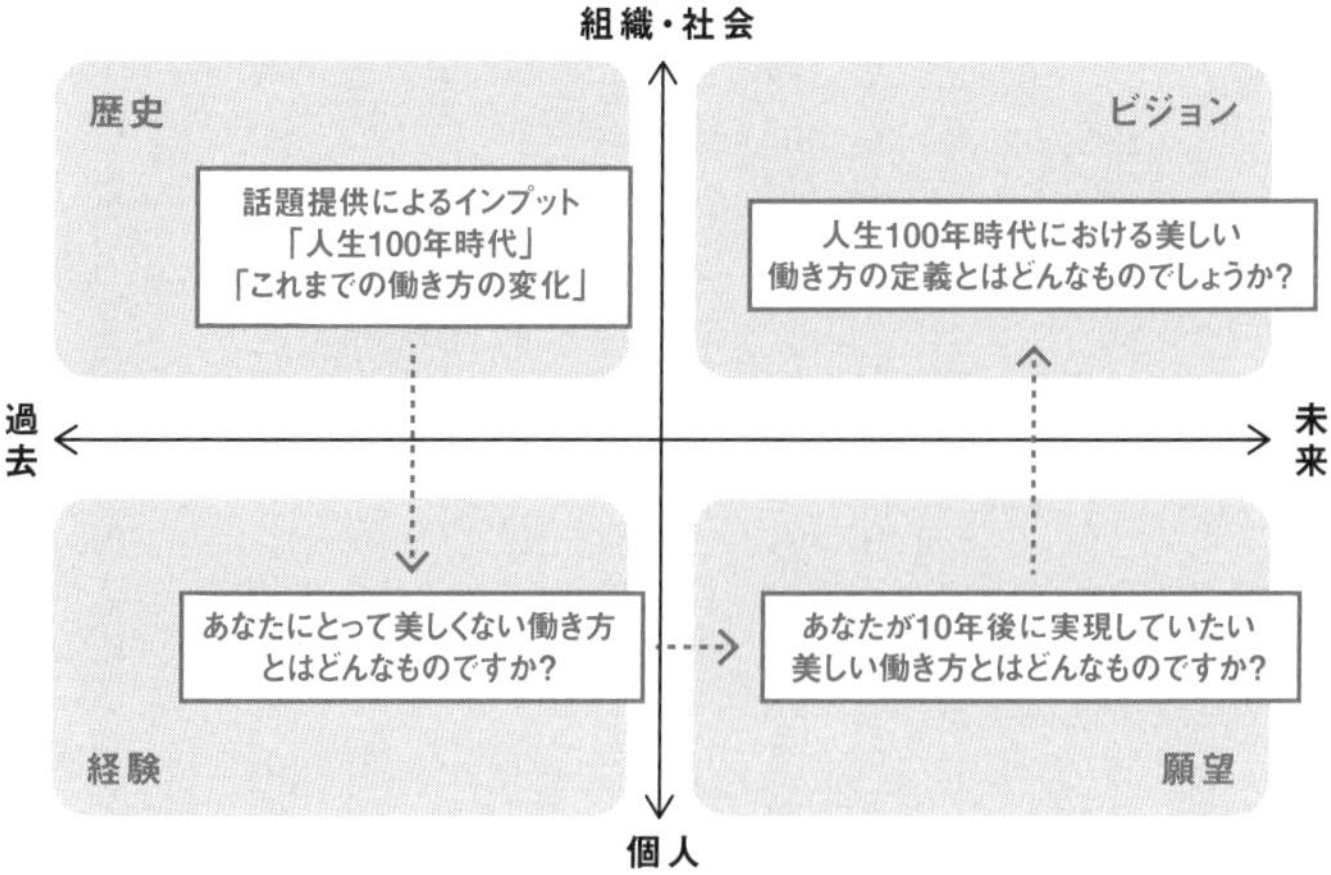

山型のプロセスは、**ミーティングの最後にチームメンバーひとりひとりの「個人のアクション」や「個人の展望」に落とし込みたい**ときに有効な軌道です。

まずは過去の「経験」をじっくり振り返る時間を設けて、そのうえで「チーム」や「組織」あるいは「社会」の視座から、現状や未来を見つめ直す。その高い視座から、自分がやるべきことに降りてくることで、最終的な「アクション」や「展望」に勢いが出ます。

複数の質問を組み合わせて、ミーティングのプログラムを組み立てられるようになると、今度は複数のミーティングを組み合わせた「プロジェクト」を組み立てられるようになるはずです。すると、チームメンバーのポテンシャルを発揮できるだけでなく、組織や社会に大きなインパクトを出せるようになっていくはずです。効果的なプロジェクト設計の方法については、前著『問いのデザイン：創造的対話のファシリテーション』もあわせてご覧ください。

谷型のプロセスと山型のプロセス

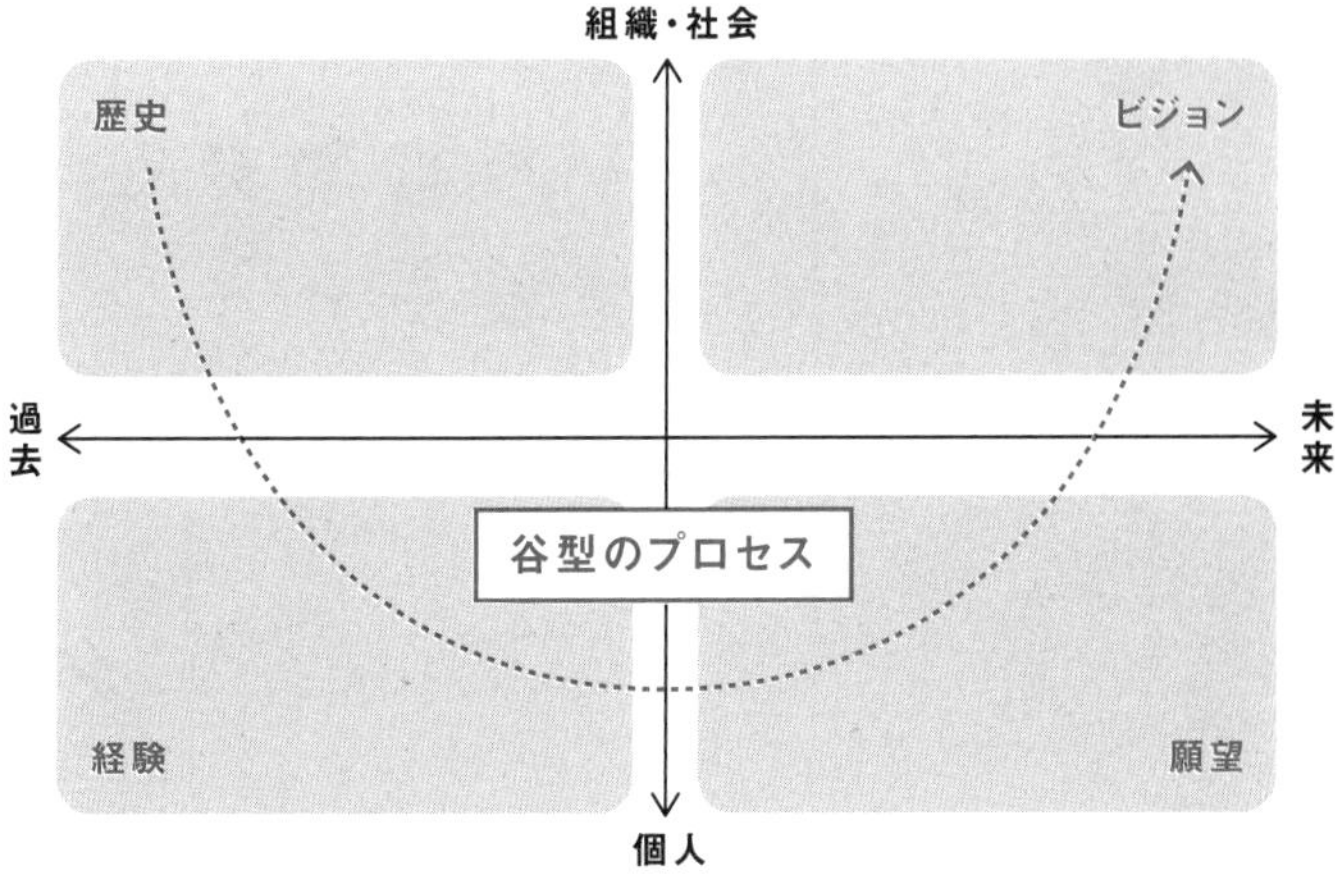

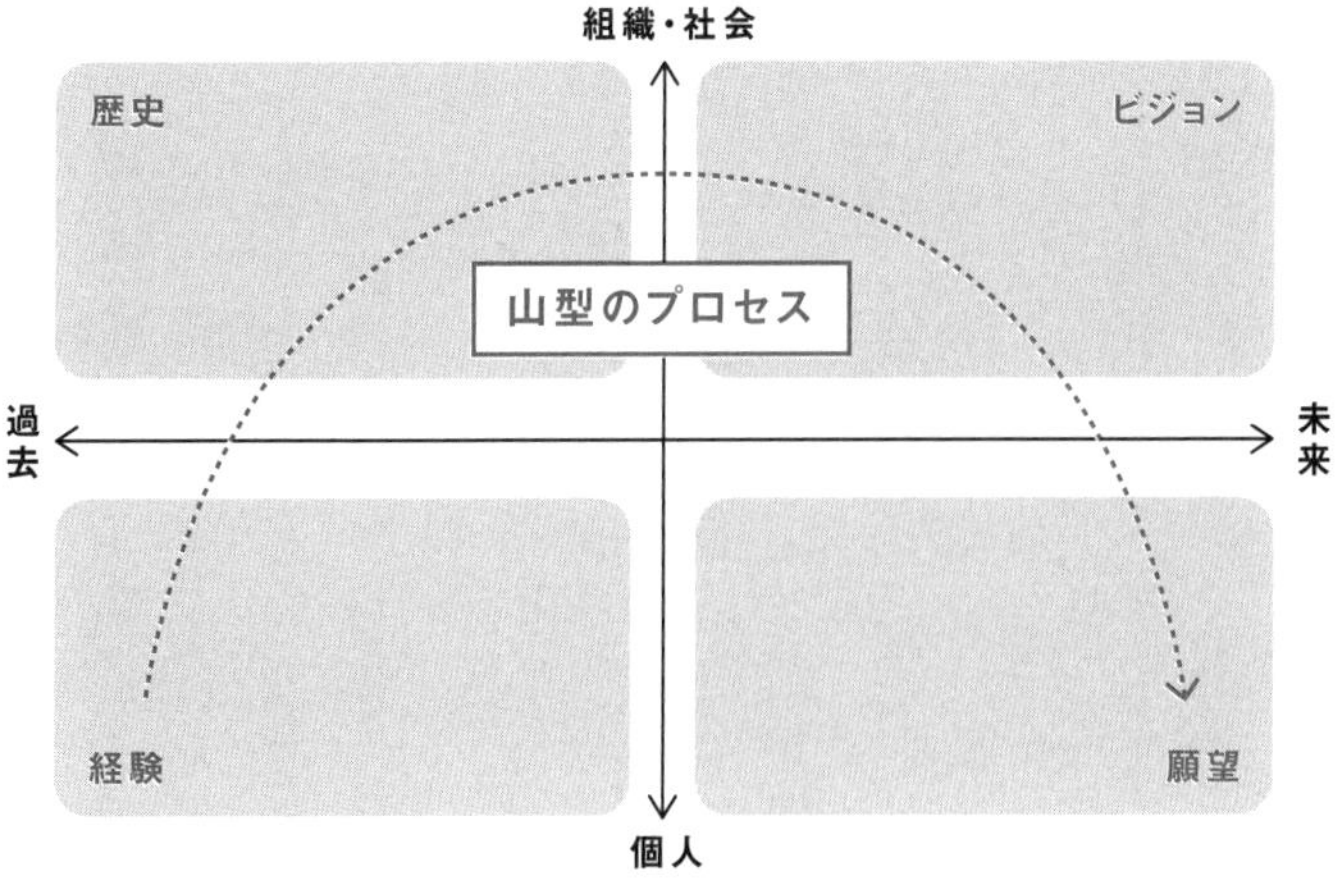

COLUMN

組織開発と組織デザイン

チームのポテンシャルが発揮され続けるためには、ミーティングだけでなく、組織全体の状態や構造に工夫を凝らしていくことが大切です。そのための代表的なアプローチが「組織開発（Organization Development）」と「組織デザイン（Organizational Design）」です。

これらの境界線は曖昧ですが、中心にある考えは明確に異なります。その違いを理解した上で、両方のアプローチを使いこなせると、より良い組織をつくっていく上で強力な武器になります。

ざっくり言えば、「組織開発」は組織の「ソフト面」「目に見えない部分」にアプローチする方法で、「組織デザイン」は組織の「ハード面」「目に見える部分」にアプローチする方法です。

「組織開発」は、組織において目に見えにくい人間の内面の心理や、関係性に着目して、組織内に対話を起こしていくことで、組織の状態を良くしていくアプローチです。第1章で指摘したような「認識の固定化」「関係性の固定化」「衝動の枯渇」「目的の形骸化」のような問題は、まさに人間の心の中や、人間同士の関係性の中で発生するものです。このような目に見えない問題は、一人ひとりが心の奥底で考えていることを共有し、互いの前提をわかりあおうとする対話なくして、解決することはできません。

他方で、「組織デザイン」は、組織の構造設計に着目します。組織を構成するメンバーに対して、適切な役割や業務を振り分けたり、適切な階層構造を設計したり、コミュニケーションライン（情報の流れ）を整えたりすることで、組織の状態を良くしていくアプローチです。これは、そもそもどういう切り分け方でチームを構成するかに関わるため、チームのポテンシャルの発揮のされ方に直接的に影響を与えます。

たとえば、デザイナーやエンジニアなど職能別にチームを構成するのか。「○○商品担当チーム」など、担当する事業ごとにチームを構成するのか。もしくはそれを組み合わせてマトリクス構造の組織にするのか。あるいは構造をあえて設けずに、フラットな組織にしてしまうのか。などなど、組織の戦略によって最適な構造はさまざまです。組織の人数規模が大きくなればなるほど、組織デザインの重要性は高まります。

より良い組織を作るためには「組織開発」と「組織デザイン」のそれぞれが重要な役割を担っているのです。私が編集長を務めるウェブメディア『CULTIBASE』では、組織開発と組織デザインのそれぞれを学ぶためのコンテンツを多数公開しているほか、実践的にスキルを習得するための講座もご用意しています。興味があれば覗いてみてください。

第5章

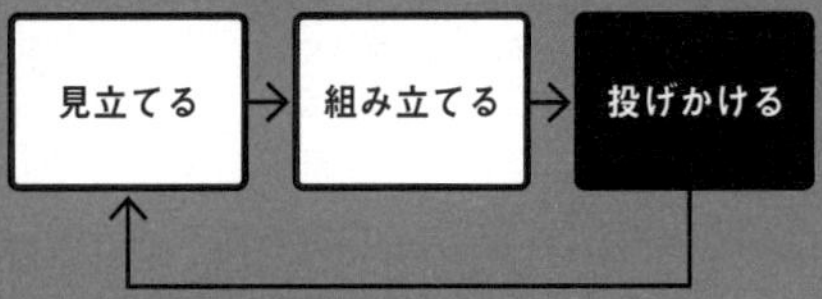

問いかけの作法❸
投げかける

第５章では、問いかけのサイクルのうち「投げかける」の作法について解説します。
質問を投げかける工夫は、投げかける前に十分に注意を引いておくこと、質問そのものの表現に工夫を凝らすこと、そして投げかけた後のフォローに分けられます。

まずは、質問を投げかける前にチームメンバーの「注意を引く」ことの重要性と技術について解説します。問いかけの達人ほど、この段階に注意を払っています。

つぎに、投げかける質問そのものの文章表現に工夫を凝らすことで、質問の印象を変える「レトリック」の技術について解説します。これは、チームの未知数を照らすライトの「光の量を足す」「光の色を変える」「光を和らげる」という３つの効果に分類することができます。

最後に、質問を投げかけた後のフォローについて解説します。質問を投げかけた直後の反応を確認し、必要なアフターフォローを見極めます。

5-1

注意を引く技術

MANNERS 01

ミーティングは「開始5分」が勝負!?

問いかけの達人であるほど、質問を投げかける際に大切にしていることがあります。それは、**相手の注意を引く**ことです。特にミーティングの冒頭、開始5分にどれだけ集中力を高められるかに、工夫を凝らしています。

具体的なテクニックの解説に入る前に、私が数年前に行った、ファシリテーションに関する調査研究で明らかになった、とても興味深い結果をご紹介しましょう。

ファシリテーションスキルのニーズは年々高まっています。私が編集長を務めるウェブメディア『ＣＵＬＴＩＢＡＳＥ』でも、さまざまな職種・年代の方々が、その技術を学び、現場で活かしています。本書の「問いかけの作法」も、広い意味でのファシリテーションの技術です。

ファシリテーションを学んだ多くの方々が「面白い」「役に立つ」「奥深い」と声を揃えておっしゃいますが、同時に「難しい」という声も耳にします。興味深いことに、ファシリテーションを学び始めた初心者も、長年経験を重ねた熟練者も、いずれも「難しい」と言うのです。

しかし、初心者と熟練者の難しさの質は、異なるはずです。そこで、私は「ファシリテーターは、何を難しいと感じているのだろうか？」という問いを立て、約150名のファシリテーターにアンケート調査を行いました。そのうち16名にはインタビューもさせていただき、その「難しさ」の正体を解き明かし、学術論文にまとめました。※

調査の結果、初心者のファシリテーターは、話し合いが本題に入った中盤から後半にかけて、いわばミーティングのメインパートにあたる時間帯が、最も難しいと感じていたことがわかりました。参加メンバーから意見をうまく引き出し、話し合いを活発に盛り上げることは、初心者にとっては一筋縄ではいかない。そのように感じられていたのです。

※安斎勇樹・青木翔子（2019）「ワークショップ実践者のファシリテーションにおける困難さの認識」

驚くべきことに、熟練したファシリテーターが最も難しいと感じていた場面は、本題について話し合うメインパートではなく、話し合いの序盤。ミーティングの開始前から冒頭にかけて、だったのです。逆に、冒頭さえうまくいってしまえば、初心者が手を焼いていた後半には、さほど難しさを感じていませんでした。

熟練したファシリテーターほど、ミーティングの冒頭において、いかに参加メンバーを引きつけ、モチベーションを高められるか。その「始まりの一手」に、心血を注いでいたのです。

この感覚は、10年以上ファシリテーターとして活動を続けている私自身の経験則にも合致します。ミーティングにせよ、研修にせよ、集まった参加メンバーたちは、一人ひとりモチベーションがばらばらです。意欲的で前のめりの人もいれば、強制的に参加させられ、気怠そう

初心者と熟練者の難しさの実感の違い

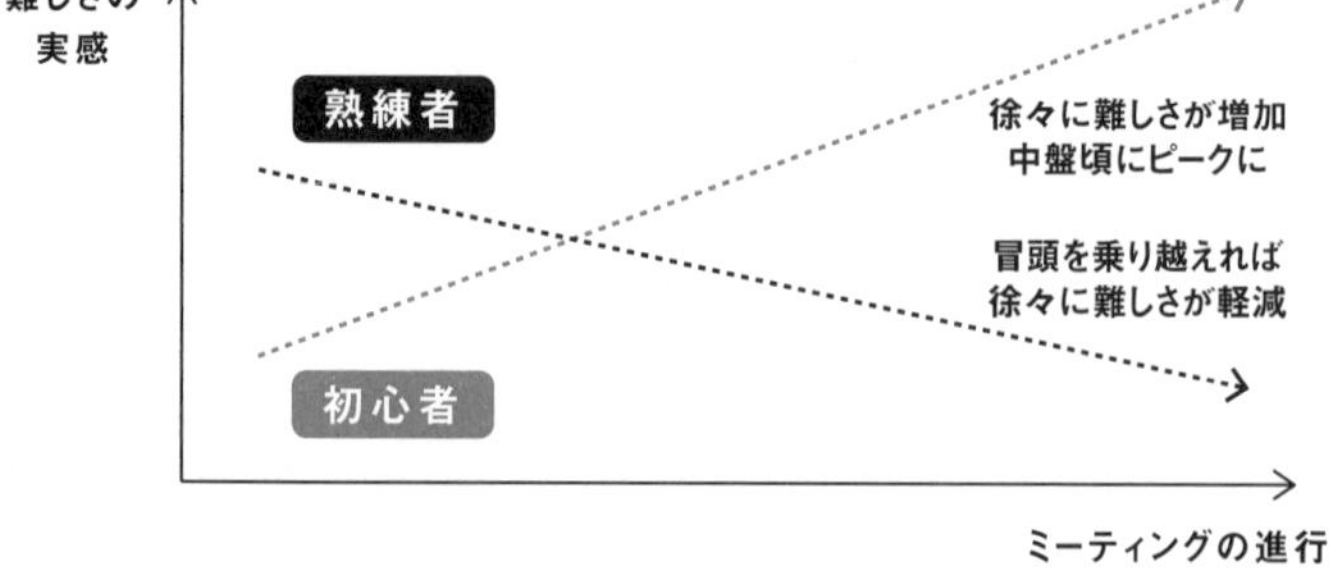

にしている人もいる。多様なメンバーで構成されるチームに対して、どのような第一声で、注意を引くのか。最初の5分こそ、話し合いを成功させる勝負所なのです。

MANNERS 02

私たちは普段、想像以上に集中していない

注意を引くことが重要であるということは、裏を返せば、それだけ人は、ミーティングにおいて集中していないということです。ミーティングに限ったことではありません。**多くの人々は、必ずしも仕事中に常に集中しているわけではありません。**

2020年、一大ブームを巻き起こした『鬼滅の刃』によって「全集中の呼吸」という言葉が流行語となりました。「全集中の呼吸」とは、強大な「鬼」を討伐するために結成された鬼殺隊士が活用する、身体能力を向上させる架空の呼吸法です。主人公・竈門炭治郎は過酷な修行

でこれを体得し、どんな時でも「全集中」の状態になれるようになりました。

私は、『鬼滅の刃』の密かな貢献は、我々が普段「いかに集中していないか」を教えてくれたことだと思っています。全集中の状態の炭治郎を「100%」としたら、あなたは普段の仕事において、どれくらいの集中力を発揮できているでしょうか？

おそらく1日の集中度合いをグラフにすると、どんな人でも「波」があるはずです。締め切りに追い込まれたときなど、瞬間的に「100%」に近い状態はあるかもしれませんが、他方で、役割のない定例ミーティング中や、眠気が襲ってくる昼食後などは「20%」くらいかもしれません。すべての活動に「100%」で臨んでいたら、鬼殺隊のような訓練を積んでいない私たちは、気力と体力が持ちませんから、当然です。

質問を投げかけるスキルに習熟していない人は、他人の集中力に過剰な期待を抱きがちです。人は、自分が集中しているときに注意散漫な部下や同僚をみると、どうしてもイライラするものです。なぜ真剣にアイデアを考えないのか。別の人が意見を話しているのになぜ上の空なのか。このようなときに相手に「集中しろ」と要求しても、あまり効果がありません。「はじめに」で述べた「孤軍奮闘の悪循環」の始まりです。

MANNERS 03

問いかけの達人は、相手の注意を引くことから始める

どんなに優れた質問であっても、相手が聞いていなければ意味がありません。仮に聞いていたとしても、答えるための心の準備が整っていなければ、「深く考えられた反応」は返ってこないでしょう。チームのメンバーが問いに向き合う姿勢がなければ、問いかけは不意打ちになってしまい、良い思考やコミュニケーションにはつながりません。

学校の授業などでは、このような不意打ちの問いかけが逆手に使われているかもしれません。授業をちゃんと聞いていたかどうかを確認する術として、特に集中力がなさそうな生徒に、突然質問を投げかける。案の定、まったく聞いていなかった生徒は「すみません、聞いていませんでした」と白状する。漫画やアニメでよく見かける、ステレオタイプ的な光景です。

しかしチームのポテンシャルを引き出すための問いかけは、相手の無能さを露呈させるためではなく、相手の個性にライトを当てるために投げかけられるべきです。

MANNERS 04

メンバーの注意を引くための4つのアプローチ

問いかけの達人は、人間の集中力の無さについて熟知しています。ミーティングの冒頭はもちろん、用意していた質問を投げかける直前にちょっとした工夫を凝らすことで、相手の注意を引きつけています。**問いかけは注意を引くことから始まる**のです。

あなたはどんなときに、集中力が高まるでしょうか？　どんなきっかけがあると、意識していなかった対象を「気になる！」と感じるでしょうか。

- それまで気を抜いていたのに、ミーティングに役員が同席することが知らされて、プレゼンの30分前に急に緊張感が高まった。
- 性格が真逆で仲良くなれないだろうと思っていた同僚が、実は似たような悩みを抱えていることがわかり、急に関心が湧いた。

- まったく興味がなかったコンビニスイーツを、友人が「世界一美味しい！」と絶賛するので、猛烈に食べたくなってしまった。
- デートで適当に相槌を打っていたら、恋人が急に黙り込んでしまい、不安になった。

などなど……。私たちはさまざまな場面で、目の前のものに注意を引かれるという心理を経験しています。それらの生々しい実体験のなかに、問いかけにおける「注意を引く」テクニックのヒントが詰まっています。

ここでは具体的なアプローチとして、以下の4つのテクニックを紹介します。

注意を引くためのアプローチ

1 予告：事前に伝えておく
2 共感：相手の心境を代弁する
3 煽動：前提を大袈裟に強調する
4 余白：あえて間を演出する

注意を引くためのアプローチを4象限で整理すると、下図のようになります。

横軸のプッシュ型とは、問いかける側から、事前に情報や前提を提示することで注意を引くアプローチです。こちら側から新たな情報を加算するので、プッシュ型です。プル型とは、問いかけられる相手側を起点にして、相手の置かれた状況を受け止めたり、あえて何もない「間」を作ったりすることによって、相手を引きつけることからプル型としています。

4つのうち「予告」と「共感」は、威力はそこそこですが、とても使い勝手のよいアプローチであるため、頻繁に活用することになるはずです。他方で「煽動」と「余白」は、頻繁に使いにくいアプローチではありますが、ここぞ、というときに使うと非常に強力です。

注意を引くためのアプローチの類型

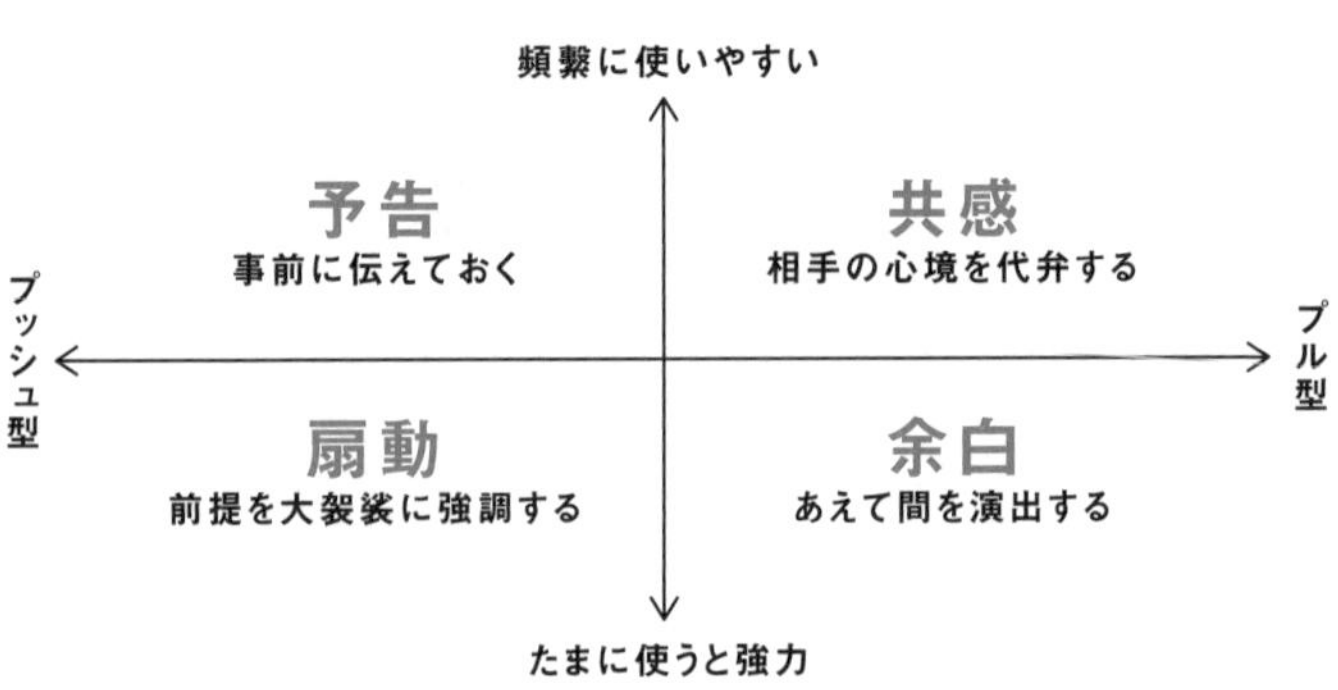

以下、「予告」から順番に、実例を通して解説していきます。

MANNERS 05

注意を引くためのアプローチ①

事前に「予告」することで、心の準備をしてもらう

質問の前に「予告」をしておくことは、やるとやらないでは大きな差がでる工夫です。

ミーティングや1on1のコミュニケーションのなかで、質問が不意打ちになってしまう理由は、相手が「まさか質問されるとは思っていなかった」と感じるからです。たとえば以下のような問いかけの場面を、思い浮かべてみてください。

EXAMPLE

予告のないミーティングのイントロダクション

「前回の企画ミーティングで、いくつかの有望なアイデアが生まれました。しかしまだまだ製品化するには課題があるように思います。みなさんがもしユーザーだったら、どこを改善したいですか？」

すでにチームのメンバーがアジェンダに当事者意識を持っていて、ミーティングに集中している状態であれば、良い回答を期待できるかもしれません。しかしそうでなければ、すぐに良いアイデアを期待することは、難しいかもしれません。

そこで、唐突に質問を投げかけるのではなく、**あらかじめ「これからみなさんに意見を求めますよ」ということを予告して、心の準備をしてもらえばいい**のです。予告の仕方は難しく考えずに、「みなさんがどう思うか、このあと意見を聞かせて欲しいのですが」と宣言し、そのあと前提情報を伝えて、それから用意していた質問を投げかけるだけです。

EXAMPLE 予告のあるミーティングのイントロダクション

「本日のミーティングでは、新商品のアイデアの改善点について、みなさんに相談したいと思っています。後ほど、それぞれの意見を聞かせてください。

前回の企画ミーティングで、いくつかの有望なアイデアが生まれました。**しかしユーザーの目線から検討すると、まだまだ製品化するには課題があるように思います。**みなさんがもしユーザーだったら、どこを改善したいですか？」

人は心の準備ができていない状態で、唐突にアイデアを求められると、どうすればよいか（How）のレベルの、表層的なアイデアを脊髄反射で答えがちです。ところがある程度、深く熟慮するモードになっているときには、「そもそもユーザーにとって、このアイデアはなぜ物足りないのか」など、なぜ（Why）のレベルから議論をする余裕が生まれます。

複数のメンバーが参加しているミーティングにおいて、特に注意を引きたい特定のメンバーがいる場合には、あらかじめ「〇〇さんに特に相談したいのですが」と、「指名予告」をしておくのもよいでしょう。その際に、「〇〇さんは前の部署で、マーケティング調査を担当していたので」などと、指名する理由を添えられると、より期待感が伝えられます。

◎話し合いの流れを変えたいときは、「予告」で割り込む

予告は**話し合いの最中に流れを変える**際にも有効です。たとえば第4章の質問パターン「素人質問」の定型文を解説する際に、以下のような枕詞の重要性を述べました。

「当たり前のことを聞くかもしれないのですが～」
「理解不足で、間抜けな質問をするのですが～」

これらはいずれも「今から、私は素人のような質問をします」ということを予告しているアプローチともいえます。こうした予告をせずに、話し合いの最中にいきなり「このプロジェクトの目的はなんですか？」と質問したら、それはもはやＡＫＹ（あえて・空気・読まない）ではなく、単なるＫＹ（空気・読めない）です。

チームの状態を変化させたいときほど、不自然に文脈をぶった切らないように、予告をうまく使って話し合いに割り込み、自然に流れを変えられるとよいでしょう。

MANNERS 06

注意を引くためのアプローチ②

相手に「共感」することで、武装を解除する

質問を投げかける前に「予告」するアプローチは、どちらかというと注意が散漫になっているチームメンバーの緊張感を高めることで、心の準備を促す方法でした。

もし「予告」のジャブが機能しない場合は、すでにチームメンバーの緊張感が過度に高まっていて、意見やアイデアをミーティング中に発言すること自体に心理的な不安を感じている可能性があります。もしくは、あなたとチームメンバーの普段の関係性によっては、「予告」そのものが、場に対する圧力になっている可能性も考えられます。

そのような場合には、プル型で弛緩させるアプローチも必要です。押してもダメなら引いてみろ、というやつです。**質問を投げかける前にチームメンバーに「共感」を丁寧に伝えることで、注意を引きやすい状況を作る**のです。

具体的には、ミーティング冒頭で、感謝、承認、敬意を伝えながら、メンバーの頭の中に浮かんでいるであろう「心の声」を代弁してあげることで、共感を生み出します。

EXAMPLE

共感のあるミーティングのイントロダクション

「本日のミーティングでは、新商品のアイデアの改善点について、みなさんに相談したいと思っています。後ほど、それぞれの意見を聞かせてください。

前回の企画ミーティング、**お疲れさまでした。皆さんのおかげで**いくつかの有望なアイデアが生まれました。**ありがとうございます。**しかしユーザーの目線から検討すると、まだまだ製品化するには課題があるように思います。**プロジェクトの期日が迫っていて焦る気持ちもあるかもしれませんが、発売後に後悔しないようにもう少し育てていきましょう。**みなさんがもしユーザーだったら、どこを改善したいですか？」

メンバーの現状を受容し、苦労を労い、進捗を承認し、共に困難に対時していることを言葉にして、質問に集中できる空気を醸成しています。

共感とは、感情や感覚を共有することです。「焦る気持ちもあるかもしれませんが」といったように、チームが共有している感情や感覚を代弁することによって、場をゆるめていくのです。

ミーティングの最中においても、共感は忘れてはいけません。特にチームメンバーが勇気を出して意見を述べてくれたとき、生煮えのアイデアを提案してくれたときに、問いかけたあなたがどのような反応を返すかによって、次の問いかけの印象に影響を与えます。

相手の意見にリアクションをせぬまま淡々と必要な問いだけを投げかけ続けると、チームの話し合いの質感も、ドライなものになっていきます。

相手の意見について、理解できたところ、面白いと思ったところ、疑問に思ったところなど、なんでもよいので**「受け止めたこと」を言葉にして示す**ことで、共感的なコミュニケーションは進んでいきます。

共感的なコミュニケーションを日々疎かにしていると、相手は心理的な不安から、次第にあなたに対して「防御」をするようなマインドセットになってしまいます。チームメンバーが互いに武装している状況では、問いかけは機能しません。共感によって、まずは武装を解除し、意見を述べ合う心理的なハードルを下げることが、質問に対する注意を引くことにつながります。

◎ユサブリモードの前振りに「共感」を入れる

「共感」は、ユサブリモードの前振りとしても効果的です。

ミーティングの最中になんらかの「とらわれ」が見えてきて、ユサブリモードを活用したくなった場合、それまでのミーティングの流れを断ち切って、雰囲気を変える必要があります。「予告」を使って割り込むのでもよいですが、場に揺さぶりをかけていくことを考えると、現状に「共感」を示したほうが、余計な反発を生まずに済むでしょう。

以下の例のように、まず「共感」のフレーズを入れて、そのあとに「けれども」「しかし」と逆説を置いてから、ミーティングの空気をユサブリモードへと変えるのです。

「長年活用してきた言葉なので、愛着もあるのですが、このミーティングでは、『健康的な美しさ』

という言葉を使うのをやめませんか？」（共感→パラフレイズ：禁止）

「このプロジェクトは重要ですから、たしかにリスクは慎重に検討しなければいけませんよね。けれども、もし失敗してもかまわないとしたら、どの選択肢を選びますか？」（共感→仮定法：制約の撤廃）

「美容関連の売上の高さを考えると、思い切って捨てることにはためらいがあると思います。しかし、リニューアル後のプロダクトに、本当に『美しさの支援』は必要でしょうか？」（共感→バイアス破壊）

好き好んで「とらわれ」に陥っている人はいませんから、頭ごなしに揺さぶりをかけるのではなく、現状に一定の「共感」を示すことで、相手も受け止めやすくなるでしょう。

MANNERS 07

注意を引くためのアプローチ③

質問の前に前提を大袈裟に強調し、相手を「煽動」する

ここから先は、もう少し技巧的な応用編です。特に「ここぞ」というときのために覚えておきたいテクニックが、前提を大袈裟に強調する「煽動」を使った問いかけの演出です。

「煽動」とは、**相手の気持ちを煽り立てることで、特定の行動を動機付ける**ことです。これから投げかける質問の意味を大袈裟に強調することで、相手の注意を引くだけでなく、質問に答えるモチベーションを高めてしまうテクニックです。質問を事前に「予告」するプッシュ型のアプローチの、パワーアップ版だと言えるかもしれません。

ハリウッド映画の予告で、「全米が泣いた」という煽り文句があります。アメリカに住む全ての人が涙を流したといっても過言ではないほど、すでに多くの観客を感動させた実績のある映画が日本に上陸するので、絶対に観ましょう！ という、宣伝文句です。映画の内容を丁寧に

伝えるよりも、「全米が泣いた」と付け加えるほうが、広告の効果がよいのでしょう。

問いかけも、大袈裟な枕詞で特別感を出すことで、力強く注意を引くことができます。

「我が社の命運をかけた課題なので、是非アイデアが欲しいのですが～」

「社内の他の誰でもない、あなたの意見をうかがいたいのですが～」

また、ユサブリモードの質問を、さらに「煽動」を加えてより威力を増す方法もあります。気をつけて使わないと、相手を怒らせてしまうリスクもありますが。

「もういい加減に、卒業したほうがいいと思うのです。リニューアル後のプロダクトに、本当に『美しさの支援』は必要でしょうか？」（煽動→バイアス破壊）

使い古された「全米が泣いた」にもはや新鮮さが失われているように、「煽動」は使う頻度に気をつけなくてはいけません。たまにやるから良いのであって、使いすぎは禁物です。

MANNERS 08

注意を引くためのアプローチ④

あえて「余白」をつくることで、質問に引きつける

「煽動」がプッシュ型の強力版だとすれば、プル型の強力版も考えられます。それが、言葉を畳みかけずにあえて減らすことによって「余白」を演出するアプローチです。

たとえば、すぐに本題に入らずに、前振り的に焦らす質問をしたり、ほんの少しだけ沈黙をしたりするテクニックは有効です。

友人から「昨日、すごいことがあってさ」と言われた後に、「なんだと思う?」と焦らされたり、突然黙り込んでしまったりしたら、余計に気になってしまうのと同じ原理です。

あからさまにやると相手に「面倒くさい人だな」と嫌がられてしまうテクニックですが、ミーティングのイントロダクションにおいて、以下のようにさりげなく使うと効果的です。

EXAMPLE 余白で焦らすミーティングのイントロダクション

本日のミーティングのねらい、**なんだったか覚えていますか？（3秒沈黙）**。本日は、新商品のアイデアの改善点について、みなさんに相談したいと思っています。

以上、質問に注意を引く「予告」「共感」「煽動」「余白」の4つのアプローチでした。

最初に述べた通り、やはり使い勝手の良いアプローチは「予告」と「共感」の2つです。質問を投げかける際にちょっと挟んでおくことで、問いかけの効果を高めることができます。「煽動」と「余白」は、使い勝手の面ではやや劣りますが、いざというときのために頭の引き出しに入れておきたいテクニックです。

5-2

レトリックで質問を引き立てる

MANNERS 09

質問を引き立たせる「文言」の工夫

質問そのものの表現をアレンジすることでも、質問の効能は際立ちます。質問を投げかける直前にほんの少しだけ立ち止まって、言葉の表現に気を使ってみてください。結果として相手を質問に動機づけ、よりよい反応を促すことができるでしょう。

たとえば、以下の質問を見比べてみてください。

A　「もしあなたが社長だったら、この使われていない自社技術をどう活用しますか？」
B　「この使われていない自社技術をどう活用しますか？　もし、あなたが社長だったら」
C　「もしあなたが社長だったら、この『埋もれた原石』を、どのように輝かせますか？」

いずれも「仮定法」をベースとした質問で、設定した未知数や制約は同じです。しかし、ちょっとした表現の違いによって、どこか受け取る印象が違って感じられないでしょうか？　これは文章を装飾する技法「修辞技法」のうち、「倒置法」「比喩法」と呼ばれる表現テクニックを用いて、質問をアレンジした例です。

修辞技法とは、伝えたいことを的確かつ魅力的に表現するための文章技術の方法論で、古代ギリシアから、中世ヨーロッパ、そして現代に至るまでに、長らく探究され続けています。英語では「レトリック（rhetoric）」とも呼ばれ、文章に技巧を凝らすことを「レトリックを効かせる」などといいます。

レトリックに卓越した作家といえば、ウィリアム・シェイクスピア（1564～1616年）の名前がよく挙げられます。

シェイクスピアはルネサンス期を代表する劇作家であり、『ハムレット』『リア王』『ヴェニスの商人』など、多くの名作を残しています。世界最高の評価を受けているシェイクスピアの文学作品は、その内容もさることながら、高いレトリックの技術についても考察され続けています。

- 生きるべきか、死ぬべきか、それが問題だ。(To be, or not to be : that is the question.)
  ――『ハムレット』
- 恋は盲目。(Love is blind.)――『ヴェニスの商人』

など、現代においても繰り返し引用される名言や格言が多く残されており、それらにはレトリックが多用されているのです。

同じ要素で組み立てられた質問でも、レトリックを効かせて表現を変えるだけで、問いかけられた相手の印象や関心、浮かんでくる発想に影響を与えることができます。質問を組み立てる段階から表現を練っておくのもよいですし、事前に準備していた質問を、当日のミーティングの雰囲気や相手の様子をみて、即興的にアレンジするのもよいでしょう。

MANNERS 10

問いかけのレトリックの3つのタイプ

文学において活用される伝統的なレトリックの技術は数え切れないほどたくさんありますが、本節では、問いかけに活用可能なレトリックのアプローチを3つのタイプに分類し、それらに該当する具体的な10個のテクニックを紹介します。

問いかけとは、チームの未知数を照らす「ライト」のようなものです。

インテリアにこだわったことのある方ならよくわかると思いますが、空間を照らす照明の方法論は、非常に奥が深い領域です。ダイニングライトをひとつとっても、電球のワット数を強くするのか、弱くするのか、青みをおびた昼光色にするのか、オレンジで温かみのある電球色にするのか、また直接照明にするのか、間接照明で和らげるのかによって、空間の雰囲気は大きく変わります。

投げかける質問にレトリックを効かせることとは、いわばライトの光量を少し足したり、電球の色味を変えたり、間接照明にしてあえて和らげたりするような工夫をすることです。

問いかけのレトリックの3タイプ

A　光の量を足すタイプ：質問の前提や特定箇所の印象を強める技法
B　光の色を変えるタイプ：質問の意味を拡げ、イメージをふくらませる技法
C　光を和らげるタイプ：質問の言葉のニュアンスをぼやかす技法

A　光の量を足すタイプ

質問の前提や特定箇所の印象を強めるレトリックの技法です。全体の光量を強めたり、質問の中の特定の場所のみ強い光を当てたりすることで、印象をコントロールすることができます。
具体的には、以下の4つのテクニックがあります。

- 倒置法：語順を逆にすることで、前提を印象づける

- 誇張法：大袈裟な表現で、フォーカスポイントを作る
- 列挙法：具体的な単語を並べて、質問の抽象度をカバーする
- 対照法：対をなすメッセージを添えて、質問を際立たせる

B　光の色を変えるタイプ

質問の意味を拡げ、イメージをふくらませるレトリックの技法です。質問に使われている言葉を別のものに例えたり、五感表現に置き換えたり、オノマトペを足すことで、より情緒的な印象を強め、豊かな発想を促すことができます。

- 比喩法：別のものに喩えることで、イメージを豊かにする
- 擬人法：人間に見立てることで、質問に感情を込める
- 共感覚法：五感に関する表現で、感覚を刺激する
- 声喩法：オノマトペを足して、質問を情緒的にする

C　光を和らげるタイプ

質問の言葉のニュアンスをぼやかすレトリックの技法です。質問を組み立てた際には表現に

違和感がなかったとしても、文脈によっては直接すぎたり、露骨すぎたりして、相手にあわせて表現のニュアンスを変える必要が出てくることがあります。

- 緩叙法：二重否定を使って、直接表現の印象を操作する
- 婉曲法：露骨にネガティブな表現は、オブラートに包む

各技法について、実例を交えて解説していきます。技法名を覚える必要はありませんが、気に入ったものは積極的に活用し、とっさにアレンジできるようにしておくと便利です。

問いかけのレトリックの分類

(A)光の量を足す

前提や特定箇所の
印象を強める

倒置法	誇張法
列挙法	対照法

(B)光の色を変える

意味を広げ、
イメージをふくらませる

比喩法	擬人法
共感覚法	声喩法

(C)光を和らげる

言葉のニュアンスを
ぼやかす

緩叙法	婉曲法

MANNERS 11

レトリック(A－1)倒置法

語順を逆にすることで、前提を印象づける

倒置法とは、**文章における言葉の要素を、一般的な順序とは逆にして配置する**テクニックです。情報の順番を変えることによって、表現に勢いが出たり、語調が変わったり、余韻が残ったりします。たとえば「この本はとても面白いな」というのではなく「とても面白いな、この本は」などと表現する方法です。

ためしに、これまで登場した質問の例を、倒置法で逆転させてみましょう。


「どのようなリニューアル案がよいですか？　このマンネリを、打破するためには」

「いったいなぜ重要なのでしょうか？　『健康的な美しさ』というものが」

「あなたがやってみたい挑戦はありませんか？　この会社を、よりよくするために」

「どんな社内規定が必要だと思いますか？　リモートワークを推進するために」

「このプロジェクトの目的はなんですか？　理解不足で申し訳ないのですが」
「本当はどこにもっとこだわりたいですか？　もし納期が、1ヶ月延ばせるとしたら」
「どの選択肢に惹かれますか？　もし失敗しても、かまわないのだとしたら」

印象はいかがでしょうか？　通常であれば冒頭に示すはずだった前提や仮定などの枕詞や、主語そのものを後ろに持ってくることで、受け取る側の印象や思考も変わりますね。

メリットは、後半に倒置させた箇所に熱量をこめやすくなるため、「もし〜だったら」という仮定法の設定や、「〜するために」といった質問の目的に印象を持っていきやすくなる点です。

デメリットは、前提を最後に話すため、情報の順序がわかりにくくなる点です。

MANNERS 12

レトリック(A-2)誇張法
大袈裟な表現で、フォーカスポイントを作る

誇張法とは、文章の一部の情報を、大袈裟に表現するテクニックです。印象付け、注意を引くことができます。たとえば「死ぬほど頑張った」などの表現が該当します。

注意を引く「煽動」に近いですが、質問文の「焦点」を変えることができます。

たとえば、既存事業の今後の方針について、チームで話し合っていたとします。そんなときに、「もしあなたが社長だったら、アフターコロナ時代に向けて、この事業をどうマネジメントしますか?」と、仮定法の質問を投げかける場面を思い浮かべてみてください。

この質問は要素が多く、ただでさえあちこちに目が行きます。そのまま投げかけた場合、人によって焦点は分散し、何が重要な論点なのかがわからなくなる可能性があります。

こうしたときに、意図的に特定の箇所を大袈裟に誇張することで、質問の「フォーカスポイント」をコントロールすることができます。フォーカスポイントとは、カメラで写真を撮影する際に、ピントを合わせる箇所のことです。同じ被写体でも、どこにピントを合わせるかによって、写真の印象は大きく変わります。

さきほどの質問は、フォーカスポイントの候補が（a）（b）（c）の3通り考えられます。

「(a)もしあなたが社長だったら、(b)アフターコロナ時代に向けて、(c)この事業をどうマネジメントしますか？」

このままだと、人によって（a）（b）（c）のどれに印象が残るかは異なるはずです。

そこで、（a）〜（c）のどこかに極端にフォーカスポイントを当て、誇張法を活用することで、質問の前提やニュアンス、メンバーの意識の焦点をガイドしてみましょう。

(a)にフォーカスを当てた場合

「もしあなたがこの会社の社長で、組織と事業の責任を負っている重大な立場だったら……と考えてみて欲しいのですが、アフターコロナ時代に向けて、この事業をどうマネジメントしますか？」

(b)にフォーカスを当てた場合

「2020年から始まったコロナパニック。多くの犠牲を生み出し、社会の状況や価値観が劇的に転換しつつあるなかで、アフターコロナ時代が訪れることが予想されます。この新時代に向けて、もしあなたが社長だったらこの事業をどうマネジメントしますか？」

(c)にフォーカスを当てた場合

「この事業には課題も山積みだけれど、これから大きなブレイクスルーの可能性も秘めています。うまくいくもいかぬも、すべては事業戦略次第。もしあなたが社長だったら、アフターコロナ時代に向けて、どんな事業ビジョンを打ち立て、どんな戦略で、どんなふうにマネジメントしていきたいですか？」

このように、組み立てた質問の文言のうち、フォーカスポイントを作りたい箇所を大袈裟に誇張することによって、質問のニュアンスを大きく調整することができるのです。

MANNERS 13

具体的なキーワードを並べて、質問の抽象度をカバーする

レトリック（A－3）列挙法

列挙法とは、**キーワードを並べて示すことで印象づける**テクニックです。たとえば「ビール、ワイン、日本酒、ウイスキー。今夜は何を飲もうかな」といったように、具体的な単語を列挙する方法です。語り手が思い描いている対象の広がりや具体例を相手に想像させることができます。

列挙法は使い勝手がよいテクニックです。私自身、ミーティングで頻繁に活用します。

使い所としては、用意していた質問が抽象的で、制約の範囲が広い場合などに、「もしかする

と、具体的なイメージが湧かないかもしれない」と不安に思ったときに、具体的なキーワードを列挙することで、質問の抽象度の高さをフォローします。

たとえば、第4章でも紹介した以下の質問を例に考えてみましょう。

「リモートワークを推進するために、どうすればよいと思いますか？」

この質問を組み立てる際に、「社内規定」「ツール支援」「コミュニケーション機会」「現在のオフィスの役割」など、何か特定のトピックに限定したほうがよいと思いながらも、うまく絞りきれなかったとしましょう。そのような時は、あえて広めの制約で質問を投げかけてしまって、列挙法でフォローすればよいのです。以下のようなイメージです。

「リモートワークを推進するために、どうすればよいと思いますか？ **社内規定、ツール支援、コミュニケーション機会、あるいは現在のオフィスの役割**。色々とトピックが考えられると思いますが、考えてみてください」

このように、制約は広げたまま、具体的なキーワードを列挙することで「具体的なアイデアが思い浮かばない」という事態を避けることができ、意見を引き出しやすくなります。

MANNERS 14

レトリック（A-4）対照法

対をなすメッセージを添えて、質問を際立たせる

対照法とは、**メインの主張とは正反対の主張を対比させることで、メインの主張を際立たせるテクニック**です。たとえば「事業がうまくいかないこともある」とだけ述べるのではなく、「大成功する事業もあれば、うまくいかない事業もある」というふうに対照的なメッセージを並べることで、主張の輪郭をはっきりとさせます。

正反対でなくても、「雨ニモマケズ、風ニモマケズ」のように近い構造を持った文章を対で並べる書き方もあります。これは**対句法**とも呼ばれます。

対照法の考え方を質問のレトリックに応用するならば、以下のような例が考えられます。

「競合他社は、価格競争を選んだ。私たちが取るべき事業戦略とは？」
「このミーティングの目的はわかりました。このプロジェクトの目的はなんですか？」
「急いでやるべきことはたくさんありますが、じっくりやるべきことはなんですか？」

1つ目の例は「私たちが取るべき事業戦略とは？」と質問されるよりも、対照句があることによって、「じゃあ、私たちは何を選ぼうか？」という方向性が生まれます。

2つ目の例は、「素人質問」の応用テクニックです。突然「すみません、このプロジェクトの目的はなんですか？」と、曖昧な前提を漠然と確認するのもよいですが、「このミーティングの目的はわかりました」という対照句があることによって、指摘している不明点の焦点が明確になります。ミーティングとプロジェクトの目的がごっちゃになっていたメンバーがいたとしたら、この対照法によって「ハッ」とするかもしれません。

3つ目の例は、「私たちがやるべきことはなんでしょうか？」という質問と比較すると、効果がわかりやすいでしょう。時間的な制約を加えて「1週間以内にやるべきことは？」「1年かけてやるべきことは？」などと指定する方法もありますが、対照法を使うことによって「短期的なことに意識を奪われがちだが、今は長期的な展望を考えてみよう」というモチベーションが生まれやすくなるはずです。

つぎに、「(B) 光の色を変えるタイプ」のテクニックを解説していきます。

MANNERS 15

レトリック(B－1)比喩法
別のものにたとえることで、イメージを豊かにする

比喩法とは、伝えたい文章を、別の何かにたとえて表現することによって、理解をしやすくしたり、イメージをふくらませたりするテクニックです。

「まるで〜のようだ」といった形式で比喩を明示する「直喩」や、「恋は盲目」のように比喩を明示しない「隠喩」などバリエーションがありますが、その区別は割愛します。

比喩法は、ユサブリモードの質問の型「パラフレイズ法」で解説した「たとえる」のパターンに近いテクニックです。パラフレイズ法は「あなたの職場の課題を、病気や怪我で喩えると？」といったように、相手に比喩表現を使って言葉を言い換えることを求める質問形式でした。質問のレトリックとしての「比喩法」は、質問の表現に部分的に比喩を取り入れることで、質問の印象を変えることを広く含みます。

たとえば「この会社で、あなたはどんな風に働きたい？」という願望を尋ねるシンプルな質問のアレンジを考えてみましょう。

「この会社で、あなたはどんな風に働きたい？」
↓「この会社という**舞台**で、あなたはどんなパフォーマンスをしたい？」
↓「この会社という**船**で、あなたはどんな航海をしたい？」

比喩法の基本は、質問で扱っている内容と同じ性質や構造を持った別のものを借りてきて、表現に加えることです。「会社」の性質を考えたときに、会社を「人材の活躍の場」として捉えていて、相手にどんな活躍のイメージを持っているかを聞きたかったのであれば「舞台」という比喩を加えると、ニュアンスが伝わるでしょう。あるいは「会社」とは、「不確実な外部環境を乗り越えるための集団」として捉えていて、相手に共に乗り越えていくための意思を聞きたかったのであれば「船」という比喩がよいかもしれません。

このように、組み立てた質問の意図や、相手に伝えたいニュアンスに立ち返りながら、近い性質を持った「別のもの」を表現に加えることで、印象を整えることができます。

たとえ話が得意な人と苦手な人がいるように、慣れないうちはなかなか難しいテクニックですが、意識的に練習をすると、誰でも使えるようになるテクニックでもあります。

MANNERS 16

レトリック（B－2）擬人法
人間に見立てることで、質問に感情を込める

擬人法とは、**人間でないものを、人間のようにたとえて表現する**テクニックです。比喩法の一種でもあります。以下の質問を例に考えてみましょう。

「もしあなたが社長だったら、この使われていない自社技術をどう活用しますか？」

会社の中で使い古されて活用されなくなってしまった「自社技術」にスポットライトを当てて、再活用のアイデアを探るための質問です。自分ごととして、事業目線を持って考えてもらうために「もしあなたが社長だったら」という仮定法を組み込んでいます。ただし、やや無味乾燥で、すでに不要になりつつある「自社技術」に、いまいち思い入れが湧かないかもしれません。

そこで、「自社技術」に擬人法でアレンジしてみます。

「もしあなたが社長だったら、この**泣いている**自社技術をどう活用しますか？」

「もしあなたが社長だったら、この**すっかり自信を無くした**自社技術をどう活用しますか？」

「もしあなたが社長だったら、この**寂しそうな**自社技術をどう活用しますか？」

「もしあなたが社長だったら、『**もっと俺を活かせ！**』**と叫ぶ**この自社技術をどう活用しますか？」


いかがでしょうか？　「泣いている」「自信を無くした」「寂しそうにしている」といった感情を表現されると、人によっては「なんとかしてあげたい」「いいところを見つけて、励ましてあげないと」という感情が芽生えるかもしれません。他方で「もっと俺を活かせ！」というセリフがこめられると、また違ったキャラクターが思い浮かび、チャレンジングな発想が浮かぶかもしれません。質問に感情がこめられます。

MANNERS 17

レトリック（B-3）共感覚法

五感に関する表現で、感覚を刺激する

共感覚法とは、**人間の感覚機能である五感**（視覚、聴覚、触覚、味覚、嗅覚）**に関する表現を使った**テクニックです。

たとえば「このビールは最高です」と表現されるよりも、「きめ細やかな泡と黄金色が特徴的な、とても芳醇なビールです。ほろ苦いけれど口当たりがよく、喉越しが最高です」と表現されたほうが、五感のそれぞれにイメージが働き、魅力的に感じませんか？

質問をアレンジする際にも五感を意識すると、表現がふくらみます。特に「視覚」や「聴覚」は使い勝手がよく、アレンジに重宝します。

BEFORE
「3年後のあなたのキャリアの目標はなんですか？」

AFTER
「3年後、あなたはどんな景色をみていたいですか？」（視覚）

BEFORE
「あなたがもしユーザーだったら、この商品のどこを改善したいですか？」

AFTER
「この商品をみたユーザーから、どんなセリフが聞こえてきそうですか？」（聴覚）

頭で思考するだけでなく、感覚的に質問に向き合えるため、発想がふくらみます。

MANNERS 18

レトリック（B－4）声喩法
オノマトペを足して、質問を情緒的にする

声喩法とは、**擬音語や擬態語などの特徴的な音の表現を用いた**テクニックです。「オノマトペ」とも呼びます。たとえば、「不安でドキドキする」「しくしく泣いている」「びしっと伝える」「うんざりした」のようなものです。

質問が堅苦しく、相手の論理的な回答を誘発しそうな場合などに、オノマトペという調味料で味付けをする感覚で、「ちょい足し」をするとよいでしょう。

「来期の事業戦略は？」
→「来期の**ガンガン**攻めていくための事業戦略は？」

「この技術のポテンシャルは？」
→「この技術の**きらりと光る**ポテンシャルは？」

ほんの少しオノマトペを加えるだけでも、質問の情緒的な印象を増すことができます。

最後に、「(C) 光を和らげるタイプ」のテクニックを解説していきます。

MANNERS 19

レトリック(C－1)緩叙法

二重否定を使って、直接表現の印象を操作する

緩叙法とは、**直接的な表現をするのではなく、その逆の意味の否定形を使う**テクニックです。

たとえば「嫌い」と表現するのではなく「好きではない」と表現する方法です。

緩叙法の効果は、主に2つあります。

第一に、**直接的な表現をオブラートに包む**効果です。たとえば「何か良いアイデアはありま

すか？」という質問は、あまりにも直接的で、相手を萎縮させてしまうかもしれません。しかし「良いアイデア」を「検討の余地があるボツネタ」と緩叙法でレトリックを効かせると、印象が変わらないでしょうか？

「何か良いアイデアはありますか？」

↓「**検討の余地がありそうなボツネタ**はありますか？」

第二に、緩叙法にはかえって**言葉のニュアンスを強調する**効果もあります。たとえば「私たちが取り組むべきミッションとは？」という質問は、非常に重みがありますが、文言が簡素で、軽く受け止められてしまう可能性があります。そこで緩叙法によって「取り組まないわけにはいかないミッション」というふうに二重否定で表現すると、ニュアンスが強められます。さらに「倒置法」も組み合わせて、以下のようにアレンジしてみます。

「私たちが取り組むべきミッションとは？」

↓「**自分たちが取り組まないわけにはいかない**、私たちのミッションとは？」

MANNERS 20

レトリック（C－2）婉曲法

露骨にネガティブな表現は、オブラートに包む

婉曲法は、**露骨な表現を濁して、あえて曖昧に表現する**テクニックです。たとえば「便所」を「化粧室」「お手洗」と表現する方法のことです。

一般的には、恐怖や不快感を強く与えるネガティブな言葉や、タブーである表現をぼやかすために使われます。チームのポテンシャルを引き出すために組み立てた質問に、強烈にネガティブな表現が混ざっていることは稀でしょう。

しかし、組織の役割や立場の違いによって、ある人にとって馴染みのある言葉が、別のある人にとってはネガティブな言葉に感じられる、ということが稀にあります。

たとえば、事業数値を管理している経営チームにとっては、「経営危機」「赤字」「倒産リス

ク」といった言葉は身近であるかもしれませんが、現場のメンバーからすると、自分の人生に脅威をもたらすような、恐ろしい言葉に感じられるかもしれません。

経営チームのミーティングのアジェンダは「コロナ禍の経営危機を打開するために、自社プロダクトにどんな新機能が必要か？」といったものでもよいかもしれませんが、現場チームのミーティングのアジェンダとしては、婉曲な表現にする必要があるでしょう。

「コロナ禍の経営危機を打開するために、自社プロダクトにどんな新機能が必要か？」
↓「オンライン時代に適応するために、自社プロダクトにどんな新機能が必要か？」

他にもたとえば、人事担当者にとっては「落ちこぼれ社員のフォロー」という言葉は馴染みのある言葉かもしれませんが、事業担当者からするとギョッとする言葉です。

「リモートワークにおける落ちこぼれ社員のフォローをどうするか？」
↓「リモートワークですべてのメンバーが輝けるためにはどんなフォローが必要か？」

問いかけによってチームの仲間を傷つける言葉になってしまっては、本末転倒です。投げかける前に、相手の視点にたって強すぎる言葉になっていないか、チェックしましょう。

MANNERS 21

着飾りすぎない、シンプルな問いかけも忘れない

ここまで、問いかけのレトリックを3つのタイプに分類しながら、具体的な10のテクニックを解説してきました。

せっかく組み立てた質問の効果が最大限に発揮されるためにも、相手に合わせた適切なレトリックを効かせて、投げかけるトレーニングをしてみてください。

ただし、これらのレトリックは使い慣れてくると、その奥深さと効果の高さに取り憑かれ、多

用したくなる魅力があるので、要注意です。組み立てた質問にいくつものレトリックを重ねてゴテゴテに装飾していくと、いったい何を照らしたかったのかよくわからない、派手なミラーボールのような問いかけになってしまいます。

印象を強めるために質問の文言がむやみやたらに長くなってしまっても、相手の注意はかえって分散してしまいます。意識をしておくべきことは、**一度通して聞いて、質問の意図が理解できるかどうか**、ということです。何度も聞き直さなければ質問の前提が理解できないようであれば、装飾を減らしましょう。問いかけは、シンプルであるに越したことはありません。レトリックを過剰に活用しすぎないようにしましょう。

5-3

問いかけのアフターフォロー

MANNERS 22

投げかけた直後の初期反応から、必要なフォローを見極める

注意を引きつけ、表現にも工夫を凝らし、無事に質問を相手に投げかけても、すぐには油断できません。質問を投げかけた直後の反応を確認して、問いかけがうまくいっているかどうかを確認することが大切です。

意図した通りに相手に届いているだろうか。思考やコミュニケーションは深まりそうだろうか。期待した変化が起こりつつあるだろうか。どんな意見が飛び出してくるだろうか。

質問を投げかけた直後の初期反応には、大きく分けて2つの可能性があります。

1つには、**「意見が出てこない」ケース**です。質問に工夫を凝らしたにもかかわらず、質問に対応した答えが得られず、問いかけが期待した効果をもたらさなかった場合への対応です。相

手の質問の前提理解が不足していたり、質問を他人ごととして捉えてしまいモチベーションが低かったり、何らかの理由でうまく答えられなかったり、質問からすっかり脱線してしまったりなど、さまざまな要因が考えられます。こうしたケースは、**早めに「補足」や「声かけ」など追加のフォロー**を行なって、質問に答えやすくする「足場かけ」が必要です。それでもどうにもならなければ、質問自体を組み立て直すべきでしょう。

もう1つには、**無事に「意見が出てくる」ケース**が考えられます。しかし油断はできません。たとえば、相手のこだわりを深掘りしたつもりでも、相手は社会的規範や組織の評価を気にして**「取り繕ったような意見」で、実は本音を語っていない**かもしれません。このような場合は、相手の懐にもう一歩踏み込むことで、本音を引き出せるかもしれません。

もし答えられた意見が、十分に相手の個性やこだわりが込められていたものであれば、あなたの問いかけは成功です。質問に向き合ってくれた相手の姿勢に対して、忘れずに**ポジティブなフィードバック**を返しましょう。

もしさらなる変化が必要であれば、再度「見立てる」ステップを行い、次の質問を「組み立てる」ことで、問いかけのサイクルを回していくことになります。

アフターフォローの見取り図は以下の通りです。

ここからはまず「意見が出ない場合」に対する質問に答えやすくする足場かけについて、以下の6つのテクニックをそれぞれ解説します。

質問に答えやすくする足場かけ

1 前提を補足する
2 意義を補足する
3 ハードルを下げる
4 手がかりを渡す
5 リマインドする
6 組み立て直す

初期反応に基づくアフターフォローの見取り図

初期反応	要因の仮説	アフターフォロー
意見が出ない場合	前提の理解が不足している場合	前提を補足する
	他人事として捉えている場合	意義を補足する
	うまく答えられない場合	ハードルを下げる/手がかりを渡す
	質問から脱線している場合	リマインドする
	フォローで解決できない場合	組み立て直す
意見が出る場合	本音が語られていない場合	ハードルを下げる/懐に飛び込む
	個性ある意見が得られた場合	ポジティブなフィードバックをする

MANNERS 23

質問に答えやすくする足場かけ①

前提を補足する

よくあるパターンは、質問に工夫を凝らしたがために、相手が質問の些細な表現に気を取られてしまうことです。たとえば、仮定法を用いて「もしあなたが社長だったら、アフターコロナ時代に向けて、この事業をどうマネジメントしますか？」と、質問を投げかけた結果、相手の反応は、「うーん……社長が考えていることは、自分にはよくわかりません」というものだったとします。現実の社長の考えを探るクイズとして出したわけではありませんから、質問の本筋の意図が伝わっていない証拠です。

このような場合には、質問の前提を早めに補足する必要があるでしょう。

自分はなぜこの質問をしたのか、質問に含めている言葉の定義はどんなものか、このような制約を設定している理由、仮定法やレトリックにおいている表現のニュアンスなど、相手が理解できていない、もしくは誤解している前提を推測し、補足するのです。

たとえば、今回の例であれば、このように足場かけをしてはいかがでしょうか。

前提を補足する足場かけ

「**実際に社長が考えていることを推測して欲しいわけではありません。**あなたが今の立場ではなく、事業に責任を負った経営者の立場に立ったとしたら、どのような発想をするかを**想像してみて欲しい**のです。いかがですか？」

制約の意味合いを補足して「推測ではなく、想像してほしい」と意図を明示することで、相手も「ああ、なるほどそういうことか」と頭を働かせることができるでしょう。

MANNERS 24

質問に答えやすくする足場かけ②

意義を補足する

投げかけた質問を、相手が他人ごととして捉えており、モチベーションが低いと感じられる場合、フォローが必要です。

大前提、質問を組み立てる段階で「基本定石③ 遊び心をくすぐり、答えたくなる仕掛けを施す」を意識し、主語のレベルを調整するなどして、質問に対するモチベーションを高める工夫はできる限りしておく必要があります。

1on1であれば相手に合わせて精緻に質問を組み立てることができますが、複数名のミーティングの場合は、メンバー全体に質問を投げかけることになります。チームメンバーの特性が多様である場合、最大公約数的な言葉を選んだ結果、一人ひとりに対する訴求力は弱まり、自分との関連性が感じられないメンバーが出てくる場合もあるでしょう。

たとえば、研究開発部門とマーケティング部門の混成メンバーによる商品開発のチームミーティングにおいて「この使われていない自社技術をどう活用しますか？」という質問を投げかけたとします。技術のメカニズムを詳しく知らないマーケティング部門のメンバーは、自分ごとで考えにくいかもしれません。

そんなときには、相手にとってどんな意味がある質問なのか、質問の意義を補足するとよいでしょう。「マーケティング担当者の皆さんは技術について考えにくいかもしれませんが、むしろ生活者ニーズの視点から、技術の新しい可能性を探って欲しいのです」と個別の期待を投げかけることによって、自分ごと化を促すことができます。

以上が、意義を「直接的」に補足する方法だとするならば、以下のように「間接的」に意義を想像してもらう方法もあります。

複数の質問を組み合わせてプログラムを構成していくと、主語のレベルの変化によって、質問が他人ごとになってしまうケースがあります。第4章で紹介した「谷型」や「山型」のプログラムを構成する場合、質問の主語を「個人」から「チーム」「組織」に引き上げたタイミングで、質問と自分のつながりがぷつりと切れてしまい、自分ごとに捉えられなくなってしまうメンバーが出てくることがあります。

そのようなときは、直接的に意義を説明しなくても、自分にとって意義が感じられるような補足的な問いかけを足すことで、相手が質問との関連性を実感できる場合があります。

たとえば、「働き方」について話し合うミーティングにおいて「あなたにとって『美しい働き方』とはどんなものですか?」と、投げかけた場面を思い浮かべてください。この質問は、主語を「個人」のレベルに置いているため、ほとんどのメンバーが自分ごとで意見を述べ合い、話し合いは盛り上がりました。ところが、次の質問で主語を「社会」に引き上げて、「20年後の社会における、美しい働き方とはどんなものでしょうか?」と問いかけた途端に、質問がピンと来ず、場の熱量がすっかり冷めてしまったとします。

そもそもの制約の設定を変えた方がよい場合もあるでしょうが、このようなときはフォローとして「今から20年後、みなさんは何歳になっていますか?」などと、補足的な問いかけを挟んでみます。

この質問は、直接的な回答を期待しているわけではありません。相手が頭の中に「20年後」について思い浮かべたタイミングで、すかさず「興味関心や体力、家族構成など、もしかするとライフスタイルも変わっているかもしれません。また、技術や社会の価値観も、アップデートされていそうですね」などと足場かけをして、「20年後の社会」に対する想像力を刺激するのです。そのようにすることで、質問の主語は「社会」に保ったまま、相手と質問の関連性を強め、自分ごと化を促すことができます。

MANNERS 25

質問に答えやすくする足場かけ③
ハードルを下げる

質問を正しく理解し、考えるモチベーションが湧いていたとしても、質問に対する自分なりの答えを形成し、意見として発言できるとは限りません。

よくあるパターンは、答えは頭の中に思い浮かんでいるものの、プレッシャーを感じていて「発言できない」ケースが考えられます。そのようなときは、発言することへの心理的なハードルを下げるための声かけをして、プレッシャーを緩和することが有効です。

シンプルなやり方は次のように期待値を明確に下げ、頭の中に浮かんでいる意見を出しやすくする方法です。

「無理に良いアイデアを言おうとしなくてよいですよ」
「いま頭の中にパッと浮かんだことがあれば、なんでもよいので教えてくれませんか？」

もし相手が発言をすることで、組織における「自分の評価」が脅かされることを気にしているとすれば、その不安を払拭してあげることも有効でしょう。本章で解説した、注意を引くためのアプローチの一つである「共感」を応用して、相手の心の声を代弁して「変なことを言うと、評価が下がるかもしれないと不安に思うかもしれませんが、そんなことはないので安心してください（笑）。むしろ『変な意見』こそ、大歓迎です！」などと、場の心理的安全性を高める声かけが有効でしょう。

応用的な足場かけのテクニックとして、アフターフォローで「仮定法」の制約を後から追加する方法もあります。

たとえば、フカボリモードの「真善美」で組み立てた「『美しい広告』とはどんなものでしょうか？」というシンプルな質問を例に考えます。この質問で、相手の頭のなかにはあれこれ意見が浮かんでいるものの、価値観の根底に関わる深く複雑な質問であったために、相手はうまく答えがまとめられず、口をつぐんでいます。

そこで、仮定法を用いて、答えやすくなる「立場の転換」を試みます。

投げかけた質問

「『美しい広告』とはどんなものでしょうか？」

仮定法によるアフターフォロー

(例)「難しければ、視点をちょっと変えてみましょうか。もしあなたがユーザーだったら、なんと答えますか？」

(例)「いろいろな要素があるので、考えにくいかもしれませんね。もしあなたがデザイナーだったら、なんと答えますか？」

このように「意見を答えることが難しい」という心情に共感しつつ、仮定法の制約を加えた足場かけをすることで、発言のハードルを下げることができるでしょう。

この「ハードルを下げる」足場かけのアプローチは、アフターフォローにおいて多用することになります。ぜひ身につけておきましょう

MANNERS 26

質問に答えやすくする足場かけ④

手がかりを渡す

単純に手がかりが不足していて答えが出せないケースも考えられます。

たとえば、前述した商品開発のチームミーティングにおいて、「この使われていない自社技術をどう活用しますか?」という質問に対して、マーケティング部門のメンバーがどんなに自分

事で頭を使っても、技術のメカニズムについてある程度わかっていなければ、具体的なアイデアは提案しにくいかもしれません。

質問の意図や背景は理解していながらも、知識・情報・技術が不足していて答えられない場合は、以下のように手がかりを与えてあげることが、一番の足場かけになります。

- 他社の事例をいくつか紹介する
- 考えの参考になるフレームワークを紹介する
- 答えを出すために必要な技術を講習する
- 参考になるデータを資料で配布する

事前に手がかりが不足する予想がついていれば、ミーティングのプロセスにあらかじめ話題提供の時間を組み込んでおくのもよいでしょう。

また、特定のメンバーだけ手がかりが不足している場合には、個別のケアが有効です。前述した例であれば、マーケティング部門のメンバーに技術に関する補足資料を当日提供したり、事前に配布して読み込んでくることを宿題にしたりなど、手がかりを補填した上でミーティングに臨めると、スムーズです。

あるいは、研究開発部門のメンバーとマーケティング部門のメンバーとで2人1組になってもらって、お互いの視点の不足をフォローしながら検討するように進行するなど、ミーティングのプログラムの工夫でも足場かけが可能です。

MANNERS 27

質問に答えやすくする足場かけ⑤

リマインドする

相手は、答えを出すまでのあいだ、ずっと質問を覚えているとは限りません。

事前に注意を引いたつもりでも、質問を聞き漏らした人がいるかもしれませんし、聞いていたけれど、悩んでいるうちに頭から抜けてしまった人がいるかもしれません。

アイデアを発散するタイプのミーティングで、話し合いが盛り上がっていればいるほど、話題があちこち行ったり来たりして、気がつくと質問の本筋から少しずれたところで盛り上がっていた、なんてことも少なくありません。

私自身も、質問された瞬間には耳を傾けていたのだけれど、質問について考えているうちに思考が活性化して別のことを想像してしまい、思考が脱線した結果、「あれ？　いま聞かれていた質問ってなんだったっけ……？」と飛んでしまうことがたまにあります。

これらのケースに共通して有効な解決策として、「質問をリマインドする」足場かけが有効です。要するに、投げかけた質問を改めてもう一度投げかけたり、見えるところに提示したりすることで、相手が質問から脱線しないように支援するのです。

改めてもう一度投げかけてリマインドする場合には、最初に投げかけた質問に補足を付け加えることができるため、その他の「前提を補足する」「意義を補足する」などの足場かけと併用してもよいでしょう。

質問から脱線させない一番手っ取り早い支援は、質問を見えるところに提示することです。問いかけた後に、ミーティングルームのホワイトボードに書き留めておく、スライド資料に記載して投影する、オンライン会議ツールのチャット欄に投稿しておく、など、ふとしたときに質問が視界に入るようにしておくことで、脱線を防ぐことができるでしょう。

MANNERS 28

質問に答えやすくする足場かけ⑥
組み立て直す

これまで説明したようなアフターフォローだけではどうにもならない場合は、それはもう組み立てた質問が悪かったと認めざるを得ないでしょう。投げかけた質問について考える時間を中断し、質問を組み立て直すことを検討することも重要です。

投げかけた質問に固執しすぎずに、「みなさん、この質問では考えにくいようですね。失礼しました。ちょっと質問を変えましょう。このようなお題だと、考えやすいでしょうか？」などと、潔く質問が悪かったことを認めて、組み立て直すことも大切です。

すぐに質問の代替案が思いつかない場合は、「すみません。いまの質問は忘れてください」「このお題では話しにくいようなので、いったん前のアジェンダに戻りましょう」と保留にするなどして、チームの「見立て」をやり直す必要があるかもしれません。

もしくは、チームメンバーたちに直接「この質問の考えにくさは、どのあたりにありますか？」「この質問が話しにくい要因はなんでしょうか？」「どのようなお題だと、考えやすいでしょうか？」などと、質問の不備そのものを質問することによって、組み立て直すヒントをもらうことも有効です。

意外に聞いてみると「考えたいテーマなのですが、『5年後』という制約が考えにくくて」「先週の議論と重複するので、もうすこし発展的なお題で議論したいです」など、些細な不備があっただけで、修正を少し加えるだけで、一気に場が活性化することもあります。

また、「この質問の考えにくさは、どのあたりにありますか？」という質問の不備を尋ねる質問自体が、チームの変化を生み出すブレイクスルーにつながることもあります。なぜならば、うまくいくと思った質問の未知数や制約がうまく機能しなかったということは、事前段階には見抜けなかったチームのこだわりやとらわれが存在していたということですから、さらに良い質問を組み立て直すための重大なヒントが隠されているかもしれないからです。私自身が体感した、とある事例で、その威力について解説します。

MANNERS 29

問いかける側のとらわれを揺さぶる、メンバーの問い返し

私が以前に、行政が主催したある地域のミーティングのファシリテーターを担当したときのことです。20代から80代まで幅広い世代の住民が20名ほど、行政が運営する社会教育施設に集

まり、自分たちが住んでいる地域の活性化のアイデアについて議論するためのミーティングでした。私はいくつかの「個人」を主語にした問いかけでテーマを自分ごと化し、場のアイスブレイクにも成功させた上で、以下のような質問を投げかけました。

「この地域の『魅力』と『課題』はなんですか？」

この質問は、第4章で紹介した「ポジティブな形容詞と、ネガティブな形容詞を並べる」制約のかけ方を使って、地域にとっての「こだわり」をフカボリするために「ルーツ発掘」をねらった質問です。「魅力」と「課題」をそれぞれ別の色のふせん紙に書き出すことを制約に添えて、参加メンバーの多様な視点や経験を可視化するための質問でもありました。シンプルながら、この手の地域のミーティングを進行する際にほぼ外すことのない「鉄板の質問」として、重宝していたものでした。

このときも実際に、多くのメンバーはこの質問に対して前向きな反応を示し、「緑の多さ」「商店街のゴミ」など、具体的なワードがふせんを埋め尽くしていきます。ところがひとりだけ、ある年配の男性が、まったく付箋に記入する様子がみられず、腕を組み、眉間にシワを寄せ、顔をしかめていたのです。それまでは前向きだったのに、突然のことでした。

質問がわかりにくかっただろうか？ と思い、私は全体に追加のアナウンスをするフリをして、その男性に向けて質問の前提や意義の補足、さらにハードルを下げるための一言も添えて、考えられる限りのアフターフォローの足場かけをしました。

「地域に眠っている資源を明らかにして、課題解決に活かしたいと思っています」
「みなさんの日々の生活で感じていることが、地域活性化のヒントになります」
「どんなに些細なものでもよいので、思い浮かぶことをふせんに書いてみてください」

ところがこれらのアフターフォローは、その男性の懸念を払拭するどころか、火に油を注いだようです。男性は激昂して、私に向かって「お前にとって『地域』とはなんなのだ!? 答えてみろ！」と、怒鳴り声をあげたのです。

私は正直、ものすごく驚き、戸惑いました。なにが怒りの原因となっていたのか、まったくわからなかったからです。そもそも、依頼主である行政の依頼が「この地域の課題と魅力を掘り起こして、住民として地域に対してできるアクションを考えるミーティングを実施して欲しい」という要望だったので、私としては依頼に忠実に応えていたつもりでした。

もしかすると、私がこの地域のよそ者で、人生経験の浅い若者であることが、気に入らないのかもしれない。そんなふうに、突然の怒号を理不尽なクレームだと決めつけ、自分の立場や問いかけを正当化したくなる気持ちが湧き上がってきました。けれども、その男性を無視してこのままミーティングを継続するわけにもいきません。いったんミーティングの話し合いを中断してもらい、私は男性に向き合い、おそるおそる、怒りの要因を探ってみることにしました。具体的には「ルーツ発掘」の「違和感」を探る質問を使って、「この質問のどこかに、違和感がありますか？」と、問いかけてみました。

話をうかがうと、その男性はどうやら、行政が定義した「市区町村」の境界線がこのミーティングにおける「地域」の定義になっていることに、違和感を覚えていたようなのです。このミーティングに参加しているメンバーは、確かに同じ「市区町村」の住民であるものの、自宅の場所や、普段の生活圏、思い入れのあるスポットはそれぞれ異なります。その「市区町村」から出ないように生活するわけもなく、隣の市区町村に散歩や買い物に出かけることも当然あります。

ところがファシリテーターである私は、依頼主である行政の管轄である「市区町村」が、イコール住民にとっての「地域」であるという前提に立ち、勝手に地図上に「見えない線」を引き、ミーティングを進行していました。その前提を押し付けられたことによって、この男性の「お前にとって『地域』とはなんなのだ!? 答えてみろ!」という声につながったのです。

私はこのことをきっかけに、激しく揺さぶられ、そして反省をしました。振り返れば、この男性の怒号は、私に対する「クレーム」ではなく、立派な「問いかけ」だったのです。今だからこそ冷静に分析できますが、私に放たれた「お前にとって『地域』とはなんなのだ!?」という質問は、ユサブリモードの「パラフレイズ：定義」に相当します。

依頼主・ファシリテーター・参加メンバーのあいだで定義が曖昧でずれていた「地域」という頻出ワードに対して、この男性は違和感を募らせ、無意識のうちにパラフレイズの質問を発露させたのでしょう。おかげで私の「とらわれ」は揺さぶられ、この場で尊重すべき「こだわり」に気がつくことができました。

おかげでこのミーティングではその後、私は「地域」という言葉遣いをやめ、近隣の地図を印刷した大きな模造紙を急遽用意して、地図を指差しながら議論を進められるようにミーティングのやり方を再設計しました。おかげで、声をあげてくださった男性もモヤモヤが晴れたようで、無事にミーティングを終了することができました。

MANNERS 30

問いかけを支える、謙虚な「学習者」の姿勢

私自身、10年以上も問いかけの技を探究しているにもかかわらず、事前に練りに練ったはずの質問が、うまく機能しないことがいまだにあります。

このようなときは、仮説を外して落胆した気持ちと、思いも寄らない事態に焦る気持ち、そして自分自身の「とらわれ」に無自覚であることを恥じる思いが入り混じります。しかし、上記の出来事があってからは、「問いかけがうまくいかないときは、チームの状況を正確に見立て

るためのチャンスだ！」と前向きに捉えるようにしています。

繰り返しになりますが、うまくいくはずだと思った質問が、なぜうまくいかないのか、その要因に向き合うことは、見落としていたこだわりやとらわれを発見するチャンスになり、チームの変化を生み出すブレイクスルーにつながることがあるからです。

問いかけは、万能な方法ではありません。どんなに事前に見立てをして、戦略的に質問を組み立てても、それはあくまで、あなたの「仮説」です。**練り上げた質問を固示して、自分の仮説に固執するのではなく、メンバーの反応を謙虚に受け止め、そこから自身の問いかけの技術と姿勢を内省する「学習者」としての姿勢が重要なのです。**

以上、質問を投げかけた際に「意見が出ない場合」に対するアフターフォローとして、6つの足場かけのテクニックを解説してきました。

以下、「意見が出てきた」場合のアフターフォローを解説していきます。

MANNERS 31

本音を引き出すために、相手の懐に一歩踏み込む

投げかけた質問に対して、無事に意見が出てきた場合にも、相手の個性やこだわりをうまく引き出せたかどうか、確認が必要です。

もしあなたがチームメンバーの上司であれば、相手は自分の評価を気にして、自分のこだわりや個性なんかよりも、上司が気に入りそうな意見を言おうと、自分の意見を取り繕っているかもしれません。あるいは社会的な規範を意識して、真面目な意見を言おうと、自分の本音に蓋をしているかもしれません。

相手が本音を出せていないなと感じる時には、前述した質問に答えやすくする足場かけである「ハードルを下げる」テクニックは有効です。相手が感じているプレッシャーを緩和させることで、より本音に近い意見が引き出せるかもしれません。

より本音を引き出すためには、相手の懐に踏み込む必要があります。チームメンバーが本音を言いにくいときは、おそらく問いかける側もチームメンバーに遠慮があるのではないでしょうか？　心理的な距離を保ったまま質問を投げかけても、相手も無意識に距離を取り、踏み込んだ意見を出しにくいでしょう。

懐に一歩踏み込むコツとしては、いつもよりフランクな雰囲気で、現在が「本音が言いにくい状況である」ことを代弁して共感を生みながら、「正直」「ぶっちゃけ」「本当のところ」など、本音を引き出すためのちょっとしたワンフレーズを加えることです。

たとえば、以下のような声かけが考えられます。

「あんまり気を遣わなくてもいいですよ。**ぶっちゃけ**、どう思いますか？」
「この場だと本音は言いにくいと思うんですが、**正直**どうですか？」
「ネガティブな意見も大歓迎ですよ。**本当のところ**、どう思っていますか？」

また、あなたが上司である場合は、自ら率先して、言いにくい意見を言っていく方法もあります。検討にあがっているアイデアに批判をしにくい空気であれば、自ら率先して批判的な意見を述べる、規範的で真面目な空気が破りにくいのであれば、自らユーモアのあるアイデアを述べる、などです。

それでも、チームメンバー全員が集まったミーティングの場でこうした工夫をするのが難しければ、1on1ミーティングの場を効果的に使いましょう。機会があれば、コーヒーブレイク、喫煙所、飲み会など、雑談の場でもかまいません。いわゆるサシの場で、「ぶっちゃけ、ミーティングだと思ったことが言いにくいですよね？」「あのミーティング、緊張しませんか？」などと、「素人質問」的な問いかけをうまく使って、AKY（あえて・空気・読まない）の態度で踏み込んでいくのです。そのうえで「私はどんな意見でも大歓迎なので、あんまり気にせず、正直な意見を教えてくださいね」などと、本音を抑圧しているストッパーを事前に外しておくことも、有効なフォローになります。

MANNERS 32

質問に向き合う姿勢にポジティブなフィードバックをする

さて、以上のような工夫を凝らしたことで、無事に質問に対して、相手の個性や、チームとしてのこだわりが感じられる意見が出てきた場合には、あなたの問いかけは成功です。

しかし忘れてはならないことは、**質問に答えてくれた相手の反応に、ポジティブなフィードバックを返す**ことです。一生懸命頭を悩ませて質問に答えても、何の反応も得られないまま、またすぐに次の質問が飛んでくる状況では、「今の答えでは不十分だったのだろうか」「自分の意見は、場に受け入れられたのだろうか」と不安になります。次第に質問に向き合うことに徒労感を覚え、モチベーションが下がってしまうでしょう。

ちょっとした声かけだけでよいので、問いかけのサイクルの一周の終わりに、ポジティブなフィードバックをすることが重要です。フィードバックと言っても、相手の回答に評価を下す必要はありません。「いいですね」「共感します」「そういう意見もあるのですね」「○○さんらしいですね」といったような、ちょっとした一言でよいのです。

また、ミーティングの流れのなかでは、深い価値観に迫るような質問など、相手にとって「答えにくい質問」を投げかけざるを得ない場面もあります。そのようなときには、以下の例のように、質問に向き合ってくれたことに対するポジティブフィードバックがとても重要です。

「難しい問いに向き合ってくれて嬉しいです」
「言葉にしてくれてありがとうございます」

大事なポイントは、答えの内容そのものに良し悪しのフィードバックをするのではなく、質問に向き合ってくれた姿勢や過程に対して肯定的なフィードバックを返している点です。

質問に対して「良い答え」が得られたときにだけ、質問の内容に対してポジティブなフィードバックをしていると、無自覚なうちにチームはだんだんと「正解」を探すようになり、ファクトリー型のチームに後戻りしてしまいます。

もちろん課題を解決し、プロジェクトを前進させるアイデアを提案したメンバーは称賛されるべきですが、その大前提として「質問に向き合い、自分らしい意見を述べてくれた」、その姿勢を承認し続けることによって、問いかけを大切にするワークショップ型のチームの風土が醸成されていくのです。

COLUMN

熟達と実践知

最初はレシピを読み解かなければ作れなかった料理が、徐々に「なんとなく」の勘でも作れるようになり、次第に「自分らしい料理」のレパートリーが増えていく。このように何かの実践に熟練していく過程を、心理学では「熟達（expertise）」と言います。熟達とは言い換えると、現場で役に立つノウハウやコツを、身体に覚えさせ、自然と使えるようになっていく学習の過程です。この「ノウハウやコツ」のことを、学術的には「実践知（practical intelligence）」と呼びます。そして熟達によって熟練した実践知を身に付けた人のことを、「熟達者（expert）」といいます。

心理学研究において、熟達はよく「定型的熟達（routine expertise）」と「適応的熟達（adaptive expertise）」の2つに整理されます。

「定型的熟達（routine expertise）」とは、いわゆる「型を覚える」期間のことであり、誰もが経験したことがあるはずです。上司や先輩に教わったり、マニュアルや関連書を読んだりしながら、まずは「基本的なやり方」を覚えて、決まったルーティン仕事をミスなく素早く効率的に実行できるように慣れていく過程です。

「適応的熟達（adaptive expertise）」とは、型を覚えてルーティンがこなせるようになってきたら、複雑な課題や新しい状況に対して、工夫しながら柔軟に取り組めるようになっていく過程です。武道や茶道などで「守破離」と言うように、教わった「型」を自分なりに相対化し、自分らしい持論に発展させていくフェーズです。その領域の「熟達者（expert）」として、終わりなき鍛錬の道を歩んでいくのです。

「問いかけ」を学び始めた最初のうちは、まだまだ卓越した観察眼を発揮したり、自分らしい芸風を育てたり、即興的に鋭い質問を立て、レトリックを利かせて放ったりする余裕はないはずです。最初は多少の時間がかかってでも、本書の型を丁寧になぞっていく「定型的熟達」の段階が不可欠です。

だんだん慣れてきたと感じた頃に、あなたのチームの状況に合わせてやり方を工夫したり、自分らしさを混ぜ合わせたりしていきながら、「適応的熟達」を意識してみるとよいでしょう。

本書で解説してきた知識たちは、あくまで定型的に覚えるための「型」に過ぎません。これらをいずれは「あなたらしい持論」として再発明する意気込みで、問いかけの熟達者を目指してみてください。

おわりに 問いかけをチームに浸透させる手引き

本書『問いかけの作法：チームの魅力と才能を引き出す技術』は、発揮されずに眠っているチームのポテンシャルを最大限に発揮させるための「問いかけ」の実践書です。その方法論について、「見立てる」「組み立てる」「投げかける」の3つの作法に分解して解説してきました。ここまでお読みくださったこと、心より感謝申し上げます。

前著『問いのデザイン：創造的対話のファシリテーション』を2020年6月に出版してから1年半。ベストセラーとして多くの称賛の言葉や名誉ある賞をいただき、大きな手応えを感じました。他方で、組織の問題の本質に迫ろうとするあまりに、すべてのビジネスパーソンにとって気軽に実践できる提案には至っていなかったことに、歯痒さを感じていました。

本書はそのような内省を踏まえて、どんな組織においても必ず存在し、毎週のように実施される「チームのミーティング」に焦点を当てて、できる限り「実践しやすさ」を意識して、知見を新たに編み直したものです。

タイトルを「問い」ではなく「問いかけ」に『パラフレイズ』したことにも、理由があります。「問い」というのは基本的には名詞形で、「問いに答える」とか「問いを発する」とか、動詞とセットで使われます。名詞としての「問い」という人工物をいかにデザインするかは、前著で述べた通り大変重要です。しかしビジネスの日常に埋め込まれたミーティングは、30分や1時間などの極めて短いスパンのなかで、スピーディに流れゆくものです。その場の出来事は状況に埋め込まれており、単に「問い」をよりよいものに組み立てるだけでなく、「見立て」や「投げかけ」も含んだ一連の「行為」をアップデートしていかなければ、現実を変えることはできません。そのような実践のリアリティを踏まえて、「問いかけ」という言葉に変えたのです。

何が言いたいかというと、本書をここまで読み終えたあなたに、明日から何か一つでもよいから「アクション」を起こして欲しい。どんなに小さなことでもよいから、チームに何かしらの「変化」を起こして欲しい。本書の中心に込めたその「願い」をあらためて強調することで、あなたの実践を後押ししたいのです。

ですから、本書の終わりに、あなたがこの本を通して得た学びが、チームに浸透し、影響を与えるために、有効だと考えられるいくつかの手がかりを記しておきたいと思います。

①まずは自分自身の問いかけに工夫を凝らす

まずはシンプルに、次のミーティングで、何かひとつでもよいので「問いかけの作法」の知見を使ってみてください。まずは「基本編」に書かれた「基本定石」に基づいてチームメンバーの意見を引き出せるかどうか、トライするのもよいでしょう。

あるいは、ミーティングの前に「三角形モデル」を作成し、チームの現状を「見立てる」だけでもよし。気に入った「パワフルな6つの質問パターン」のうちどれかを試してみるもよし。普段使っていた質問に「レトリック」を効かせて、相手の反応を窺うもよし。

いきなりすべての作法を上手に実行しようとしなくてかまいませんから、取り入れやすいステップから、楽しみながら実践してみてください。

②他のメンバーの問いかけにフィードバックする

あなた自身の「問いかけ」に磨きをかけていくだけでも、チームの関係性やコミュニケーションの質が変化し、徐々にポテンシャルは発揮されていくはずです。

しかしながら、チームメンバーの全員が「ワークショップ型」の意味と意義を理解し、一人ひとりのポテンシャルを活かすことに前向きであるとは限りません。場合によっては、従来の「ファクトリー型」の習慣が染み付いたまま、メンバーのポテンシャルを阻害するような「悪い問いかけ」を無自覚に繰り返しているメンバーや上司もいるかもしれません。

そのような場合は、あなたは自身の問いかけに工夫を凝らすだけでなく、その他のチームメンバーが発する問いかけに、フィードバックができると効果的でしょう。フィードバックといっても「あなたの問いかけはダメだ！」と頭ごなしに否定するのではなく、意図が不明瞭であること、答えにくい質問であることを伝えて、共に代案を検討できると建設的です。

たとえば「自由度が高くて話しにくいので、このような制約を加えませんか？」「個人と組織の主語が入り混じっているので、二つの質問に分けませんか？」などと、建設的な提案ができると、質問を投げかけた相手や、周囲のメンバーにも喜ばれるはずです。

③チームメンバーに「問いかけの作法」を共有する

最も手っ取り早いのは、「問いかけの作法」の考え方や方法を共有してしまうことでしょう。特にあなたがミーティングのプログラムを作成する権限を持っていない場合は、ミーティングの進行役に「問いかけの作法」を学んでもらったほうが、チームに変化を生み出しやすくなるでしょう。

あなたの言葉で本書のポイントをまとめて、進行役の同僚に教えてあげれば、あなたにとってもよい復習になるでしょう。あるいはあなたのふせんや書き込みがすでに入っているこの本を、「読んでみてください」と手渡してあげるのもよいでしょう。

もしチームメンバー全員を巻き込めるのであれば、上司に提案して、「問いかけの作法」の社内勉強会をチームで開催するのも一つの手です。勉強会のやり方は、いくつかあります。

セミナー形式

この本を最初に手にとったあなたが責任を持って「講師役」を務めて、本書のエッセンスをスライド資料などにまとめて、講義形式でチームに共有するやり方です。講義と質疑応答を含めて、1時間ほどでも実施可能です。説明用の図版や資料は、出版後に本書の特設サイトに随時アップロードしているので、遠慮なく活用してください。

書籍『問いかけの作法：チームの魅力と才能を引き出す技術』特設サイト

https://question.mimiguri.co.jp/

こちらの特設サイトには私が「問いかけの作法」の概要を解説した短めの動画も公開していますから、その動画をチームメンバーに共有したり、社内勉強会で観賞会をしたりするのもよいかもしれません。

ディスカッション形式

チームメンバー全員で本書を事前に読んできて、疑問点や課題についてディスカッションする形式も有効です。セミナー形式は「知識を共有する」ことが主眼でしたが、ディスカッション形式は「自分たちのチームでどう実践するか」「自分たちの課題解決にどのように活かすか」について深めることができるため、実践的です。たとえば5名程度で実施する勉強会であれば、以下のようなタイムラインで進行すれば、1時間あればそれなりに学びが深まるでしょう。

勉強会のタイムライン(1時間)

- チェックイン:本書を読んだ気づきと疑問の共有［1人あたり2分 計:10分］
- 意見交換:チェックインで抽出した疑問について、各自の意見を出し合い検討［15分］
- ディスカッション:自分たちのミーティングをどのように変えたいか［25分］
- まとめ:具体的な今後のアクションプランと担当者を決定する［10分］

輪読会形式

ディスカッション形式を採用したいが、本書を全員が読んでくる時間が確保できない場合には、いわゆる「輪読会」形式が有効です。章ごとに担当者を決めて、分担して読んできて、それぞれの内容を共有するやり方です。自分が担当した章については、簡単な資料に要約をしてくると、共有がしやすいでしょう。内容を理解した上でディスカッションをする必要があるため、最低90分、余裕があれば2時間ほど確保できるとよいでしょう。

勉強会のタイムライン(2時間)

- チェックイン:担当章を読んだ気づきと見所の共有 [1人あたり2分 計:10分]
- 第1章の話題提供 [10分]+質疑応答 [5分]
- 第2章の話題提供 [10分]+質疑応答 [5分]
- 第3章の話題提供 [10分]+質疑応答 [5分]
- 第4章の話題提供 [10分]+質疑応答 [5分]
- 第5章の話題提供 [10分]+質疑応答 [5分]
- ディスカッション:自分たちのミーティングをどのように変えたいか [25分]
- まとめ:具体的な今後のアクションプランと担当者を決定する [10分]

④チーム全員でミーティングのプログラムを検討する

③で紹介したいずれかの方法でチームメンバーに「問いかけの作法」のエッセンスが共有できれば、普段のミーティングのプログラムをチーム全員で検討する施策も効果的です。

ミーティングの進行役がプログラムの叩き台を事前に参加メンバーに共有して、「このようなプログラムで進行しようと思いますが、どう思いますか？」と、チームメンバーに相談し、全員で「問いかけの作法」の観点からプログラムを検討するのです。

これは一見すると非効率的なやり方に見えますが、チームをワークショップ型に切り替え、全員のポテンシャルを発揮する風土を醸成する上で、とてもインパクトのあるやり方です。私が経営するＭＩＭＩＧＵＲＩでは、重要なミーティングはすべてこの方法を採用しています。メンバー全員が「問いかけ」の重要性を理解しているため、「このチェックインは面白い質問だけど、5分で話すには重すぎるかも」「ディスカッションパートの質問が、ややネガティブな側面にライトが当たりすぎているので、表現を少し変えませんか？」など、忌憚のない意見を出し合い、全員で質問を組み立てるのです。そうすることで、全員が「自分もファシリテーターの一人である」という意識を持ち、チームメンバーのポテンシャルを発揮する「場」を作り上げることに、全員がコミットできるようになります。

⑤チームのオリジナルの質問パターンを発明する

最後に。最も効果的でインパクトのある実践は、あなたのチーム全員で協力して、あなたのチームらしさに溢れる、オリジナルの質問のパターンを発明することです。

本書で紹介したパワフルな6つの質問のパターン「素人質問」「ルーツ発掘」「真善美」「パラフレイズ」「仮定法」「バイアス破壊」に、もしひとつ新たに付け加えるとしたら、どんな質問を加えたいでしょうか？　あなたのチームにぴったりのオリジナルのパターンを、編み出して欲しいのです。

歴史ある大企業には、その企業の理念と風土を体現した特徴的な質問が浸透していることがあります。

たとえばトヨタ自動車には、「なぜ？」を5回繰り返す習慣があるといいます。問題を発見した場合に、徹底的に原因を分析することで、問題の再発を防ぐという企業努力の姿勢が反映された質問です。

たとえばリクルートであれば、「あなたはどうしたい？」という質問が有名です。これは企業理念のひとつに掲げられた「個の尊重」を、現場で体現し続けるための質問だと言えるでしょう。

これら質問は、それぞれの組織の理念や、根底にある風土と結びついていることで、機能している質問です。そっくりそのまま他の企業で真似をしても、うまく機能するとは限りません。

逆にいえば、あなたのチームだからこそ機能する、あなたのチームらしい質問の型が、きっとあるはずなのです。

「本書に書かれていない、あなたのチームを変えるための『7つ目の質問』とは何か？」

これが、本書のおわりに、私からあなたに投げかけたい最後の質問です。ぜひ、この機会に考えてみてください。

本書をきっかけに、あなたのチームに秘められた魅力と才能が最大限に輝くことを願っております。

前著『問いのデザイン：創造的対話のファシリテーション』の熱心な読者でありながら、前著では発揮しきれなかった私のポテンシャルを引き出してくださった、ディスカヴァー・トゥエンティワンの編集者の牧野類さんに、心から感謝申し上げます。

2021年11月

安斎勇樹

ダウンロード特典

本書にはおさめられなかった未収録原稿を
下記のQRコードよりダウンロードすることができます。

https://d21.co.jp/special/question/

ログインID discover2808

パスワード question

特典内容

見立てる力の効果的な鍛え方(3章)
ミーティングのプロセスの組み立て方(4章)

問いかけについて、
より実践的な視点や技術を磨きたい方は、
本書を読んだ後に合わせて読むと、効果的です。

チームミーティングや1on1を行う前の
スキルアップにご活用ください。

問いかけの作法　チームの魅力と才能を引き出す技術

発行日　2021年12月25日　第1刷
2024年12月 5 日　第4刷

Author　安斎勇樹

Book Designer　西垂水敦(krran)　装丁
小林祐司　本文・DTP
Illustrator　須山奈津希(ぽるか)

Publication　株式会社ディスカヴァー・トゥエンティワン
〒102-0093　東京都千代田区平河町2-16-1 平河町森タワー11F
TEL　03-3237-8321(代表) 03-3237-8345(営業)／FAX　03-3237-8323
https://d21.co.jp/

Publisher　谷口奈緒美
Editor　千葉正幸　牧野類

Store Sales Company
佐藤昌幸　蛯原昇　古矢薫　磯部隆　北野風生　松ノ下直輝　山田諭志　鈴木雄大　小山怜那
町田加奈子

Online Store Company
飯田智樹　庄司知世　杉田彰子　森谷真一　青木翔平　阿知波淳平　井筒浩　大﨑双葉　近江花渚
副島杏南　徳間凜太郎　廣内悠理　三輪真也　八木眸　古川菜津子　斎藤悠人　高原未来子　千葉潤子
藤井多穂子　金野美穂　松浦麻恵

Publishing Company
大山聡子　大竹朝子　藤田浩芳　三谷祐一　千葉正幸　中島俊平　伊東佑真　榎本明日香　大田原恵美
小石亜季　舘瑞恵　西川なつか　野﨑竜海　野中保奈美　野村美空　橋本莉奈　林秀樹　原典宏
牧野類　村尾純司　元木優子　安永姫菜　浅野目七重　厚見アレックス太郎　神日登美　小林亜由美
陳玟萱　波塚みなみ　林佳菜

Digital Solution Company
小野航平　馮東平　宇賀神実　津野主揮　林秀規

Headquarters
川島理　小関勝則　大星多聞　田中亜紀　山中麻吏　井上竜之介　奥田千晶　小田木もも　佐藤淳基
福永友紀　俵敬子　池田望　石橋佐知子　伊藤香　伊藤由美　鈴木洋子　福田章平　藤井かおり
丸山香織

Proofreader　株式会社鷗来堂
Printing　日経印刷株式会社

ISBN978-4-7993-2808-8
TOIKAKE NO SAHO TEAM NO MIRYOKU TO SAINO WO HIKIDASU GIJUTSU by Yuki Anzai